Jürgen Blümle

Das Baumbuch

Jürgen Blümle

Das Baumbuch

Die ältesten und schönsten Bäume
aus der Region Tübingen und Reutlingen

© Schwäbisches Tagblatt, 1.Auflage Tübingen 2005

Alle Rechte vorbehalten

Umschlagbild: Sulz-Eiche, Walddorfhäslach
Umschlag hinten: Blattaustrieb am Stamm eines Silberahorns
Klappe vorn: Zwei Linden, Hirrlingen
Klappe hinten: Buche auf der Schwäbischen Alb (Nähe Blaubeuren)

Vorsatzbild: Drei Linden beim Lindenhof, Mössingen-Ziegelhütte
Vortitel: Sulz-Eiche, Walddorfhäslach
Haupttitel: Alte Lindenallee, Tübingen
Seite 4/5: Eichenallee Hermann-Hesse-Straße, Reutlingen
Seite 6: Linden beim Rast- und Grillplatz Heiden, Bodelshausen
Seite 7: Detail einer Traubeneichen-Borke
Seite 8: Eschen-Ahorn auf dem Friedhof, Mittelstadt
Seite 10: Rotbuche im Alten Botanischen Garten, Tübingen
Seite 17: Waldkiefer über dem Kochart-Graben, Hailfingen
Seite 18/19: Blick über Tübingen, Psychiatrische Klinik
Seite 72/73: Blick vom König-Karl-Stein auf Bebenhausen
Seite 104/105: Am Schönbuch-Rand bei Ammerbuch-Breitenholz
Seite 124/125: Wurmlinger Kapelle, Römerstraßen-Kreuzung bei Wurmlingen
Seite 138/139: Blick von der Weiler-Burg ins Neckartal Richtung Tübingen
Seite 156/157: Starzach-Wachendorf, beim Hofgut Neuhaus
Seite 172/173: Blick über das Steinlachtal, Olgahöhe Mössingen
Seite 202/203: Inversions-Wetterlage am Albtrauf, Aussichtspunkt Rossberg
Seite 258/259: Sonnenuntergang über Reutlingen/Blick zur Achalm, Eninger Steige
Seite 294/295: Blick über die Nordraum-Gemeinden, Pliezhausen
Seite 314: Sonnenuntergang auf dem Einsiedel, Kirchentellinsfurt
Nachsatzbild: Lindenallee im Schnee, Eninger Weide

Gestaltung: Evelyn Ellwart-Mitsanas/Jürgen Blümle
Satz und Bildreproduktion: Jürgen Blümle
Bilder und Abbildungen: Jürgen Blümle
Umschlagbild: Gerhard M. Busch

Druck: Konradin-Druck, Leinfelden-Echterdingen
Bindung: Dieringer, Gerlingen

Gedruckt auf total chlorfrei gebleichtem Papier

Printed in Germany

ISBN 3-928011-59-6

*Für meine Kinder
Frieder, Lena, Felix und Marie*

Inhalt

Vorwort	9
Einleitung	11
Unsere Baumlegenden	15
Tübingen	34
Schönbuch	88
Ammertal	120
Vom Spitzberg zum Stäble	140
Zwischen Neckar und Rammert	154
Jenseits der Sieben Täler	172
Steinlachtal und Härten	188
Am Trauf der Alb	218
Reutlingen	274
Reutlinger Nordland	310
Kleiner Baumkurs	313
Literaturverzeichnis	330
Der Baum im Internet	332
Baumregister	334

Vorwort

Gott schuf unseren Freund, den Baum, drei Tage vor dem Menschen. Seit biblischen Zeiten ist er Symbol für Wachstum und Leben. Zeuge von Geschichte und Geschichten.
Der Baum ist ein Ursymbol. Er zählt zu den ältesten und am weitesten verbreiteten Archetypen des Menschen und nicht zufällig beginnt und endet mit diesem Symbol die Heilige Schrift.
Jürgen Blümle hat auf zahlreichen Exkursionen die schönsten Bäume unserer Heimatregion besucht und sie mit beeindruckenden Bildern in Szene gesetzt. Es macht Freude, sich in sein Werk zu vertiefen. Doch wie groß die Vielfalt unserer Bäume tatsächlich ist, hätte man ohne dieses Buch wohl kaum ahnen können.

Zu fällen einen schönen Baum,
braucht's eine halbe Stunde kaum.
Zu wachsen, bis man ihn bewundert,
braucht er, bedenk es, ein Jahrhundert.

von Eugen Roth

Vielleicht gibt sich auch das umweltbewusste Tübingen in Zukunft eine Baumschutz-Satzung! Ein unnötiges Beseitigen wertvoller Bäume könnte so vielleicht vermieden werden.

Siegfried Lelke

Luther-Linde, Reutlingen-Ohmenhausen

Einleitung

Einer der Ausgangspunkte für meine Überlegungen, ein Buch über Bäume zu schreiben, liegt schon viele Jahre zurück und war sehr emotionaler Natur. Auf zahlreichen Streifzügen durch den Schönbuch begegnete ich immer wieder imposanten, alten Baumgestalten, die mich in ihren Bann zogen. Ich bewunderte ihre Größe, ihren starken Stamm, ihre ausladenden Kronen und ich bedauerte es, wenn sie durch Sturm oder Schnee Schaden genommen hatten.

Doch kann man dies ja immerhin als den 'Lauf der Natur' betrachten und so akzeptieren, zumal die nach ihrem langen Baumleben abgegangenen Riesen ja auch nach ihrem Absterben über Jahrzehnte hinweg noch wichtige ökologische Funktionen erfüllen. Zu Lebzeiten boten sie z. T. schon über Jahrhunderte zahllosen Tieren sowohl Nahrung wie Lebensraum, und sie stellten den für alles Leben so wichtigen Sauerstoff zur Verfügung. Darüber hinaus filterten sie mit ihren Blättern auch noch die von uns Menschen erzeugten Schadstoffe aus der Luft. Eigentlich müssten wir ihnen dankbar sein und uns immer wieder klar machen, dass sie für den Fortbestand des Menschen – ungeachtet aller übrigen hausgemachten Gefährdungspotenziale – nach wie vor von grundlegender Bedeutung sind und es noch lange bleiben werden.

Umgekehrt musste der Baum den Menschen wohl seit kurzem – seit wenigen tausend Jahren also – immer mehr als Bedrohung empfinden. Als Baumaterial und Brennstoff wurde sein Holz zeitweise – und in anderen Teilen der Welt gilt das noch heute – so massiv ausgebeutet, dass im mittleren Europa des 17. und 18. Jahrhunderts ganze Landstriche kahl gefegt waren. So bemerkte auch J. W. von Goethe, als er 1797 auf dem Weg in die Schweiz durch den Schönbuch fuhr, nur *„einzelne Eichbäume auf der Trift"*.

200 Jahre nach ihm ist unser Land wieder zu etwa einem Drittel mit Wald bedeckt und interessanterweise ist es zum Teil auch den ab Mitte des 19. Jahrhunderts aufkommenden, damals 'alternativen' Energiequellen Erdöl und Erdgas

zu verdanken, dass unsere Wälder wieder systematisch aufgebaut werden konnten.

Dieses Buch kann und soll auch als *Bilderbuch* betrachtet werden, das versucht, die Schönheit unserer alten Baumfreunde zu zeigen. Die Standorte besonderer Bäume sind häufig auch Orte mit außergewöhnlich hohem landschaftlichem Reiz. Insofern werden fast beiläufig auch unsere großartigsten Naturplätze vorgestellt. Nicht selten bilden diese Plätze mit 'ihrem' Baum oder 'ihrer' Baumgruppe eine harmonische und untrennbare Einheit, deren Schönheit erst durch ihr individuelles Zusammenspiel entsteht: die grüne Hügelkuppe, das alte Kruzifix am Weg, die kleine, weiße Kapelle, die Anhöhe über dem Dorf. Somit sind alte Bäume auch landschaftsprägende Gestalten und darüber hinaus stumme Zeitzeugen unserer Heimatgeschichte. In den Begründungen für die Ausweisung von Bäumen als Naturdenkmale wird dieser kulturgeschichtliche Gesichtspunkt neben dem ökologischen immer wieder genannt.

Aber natürlich soll dieses Buch auch grundlegende botanische Kenntnisse vermitteln und Informationen zu unseren wichtigsten Baumarten geben. Viele Menschen wissen nicht, dass eine *Hainbuche* gar nicht mit den Buchen verwandt ist, eine *Esskastanie* nicht mit den Kastanien und dass die *Walnuss* eigentlich gar keine Nuss ist, sondern eine Steinfrucht!

Auf der dokumentarischen Seite knüpft dieses Buch an Werke wie das in der einschlägigen Literatur viel zitierte „Schwäbische Baumbuch" von Otto Feucht an, das bereits im Jahre 1911 den Bestand an herausragenden und schutzwürdigen Bäumen zusammenstellte. Ich beschränke mich allerdings auf den Landkreis Tübingen mit einer Ergänzung durch den nordwestlichen Teil des Kreises Reutlingen, womit das Stadtgebiet selbst sowie einige Stadtbezirke und Gemeinden des Neckarraumes noch mit hinzukommen.

Die regionale Struktur dieses Buches kommt auch in der Reihenfolge der Baumportraits zum Ausdruck: Beginnend im Stadtgebiet Tübingen bewegen wir uns zunächst nordwärts zum Schönbuch, schwenken dann nach Westen ins Ammertal und erkunden den Raum zwischen dem Spitzberg und dem Stäble bei Neustetten. Anschließend folgt der Rottenburger Raum bis Starzach, bevor wir im südlichen Teil nach Osten Richtung Steinlach umkehren und am Trauf der Alb entlang bis Eningen gelangen. Über Reutlingen und seinen Nordraum schließt sich der Kreis bei der Sulzeiche am Schönbuchrand.

Die Mehrzahl der vorgestellten Bäume ist für den Zeitraum von 2002 bis 2005 beschrieben. Dies ist im Leben eines Baumes zwar kaum mehr als eine Momentaufnahme, doch zeigt die Tatsache, dass innerhalb weniger Jahre eine ganze Reihe von herausragenden Bäumen aus unserer Landschaft verschwunden sind, dass eine solche Bestandsaufnahme laufend aktualisiert werden muss, um ihre Gültigkeit zu behalten. Dieser Sachverhalt ist nicht nur auf Landkarten sichtbar, auf denen Bäume verzeichnet sind, die es schon viele Jahre nicht mehr gibt, sondern auch in den entsprechenden Naturschutz-Verordnungen unserer Landratsämter.

Die Frage, welcher Baum nun als so bemerkenswert empfunden wird, um hier vorgestellt zu werden, ist natürlich nur aus meiner ganz persönlichen Sicht heraus zu beantworten. Wesentliche Kriterien sind hierbei zwar die Größe und das Alter, doch bedeutet dies nun nicht, dass ein bestimmtes Maß, etwa des Stamm- oder Kronenumfangs überschritten sein müsste. Dafür sind die Maßstäbe für die einzelnen Baumarten viel zu unterschiedlich. Ein Stamm mit zwei Metern Umfang ist beispielsweise für eine *Birke* schon sehr beachtlich, für eine *Eiche* dagegen keineswegs auffällig.

Bei der Frage des Alters verhält es sich ganz ähnlich. Deshalb finden hier auch die prächtigsten Exemplare von *Hainbuche, Birke, Robinie* oder *Feldahorn* Erwähnung. Baumarten also, an die man im Allgemeinen wohl nicht denkt, wenn von Baumriesen oder Baumveteranen die Rede ist. Ebenso wird eine ganze Reihe von exotischen

Baumarten berücksichtigt, die bei uns zum Teil sehr selten vorkommen. Dies macht sie häufig besonders wertvoll, auch wenn sie vielleicht noch kein hohes Alter erreicht haben.

Was die vertretenen Baumarten betrifft, spielt die *Linde* eine besondere Rolle. Während vor allem die *Eichen* als typische Waldbäume im Siedlungsbereich des Menschen gar nicht so häufig in Erscheinung treten und die *Buchen* erst in jüngerer Zeit – v. a. in der Varietät der attraktiven Blutbuche – unsere Parks und größeren Gärten verschönern, ist die Linde seit jeher schon mit dem Leben der Menschen verbunden. Bis heute steht als größter und bedeutendster Baum in zahlreichen Siedlungen eine Linde. Die Dorflinde war schon in alten Zeiten der Mittelpunkt dörflicher Gemeinschaft, unter ihrer Krone wurde Gericht gehalten und in ihrem Schatten traf man sich zum Tanz, zu politischen und gesellschaftlichen Ereignissen.

Manche Linden, von denen in Deutschland noch heute etwa ein halbes Dutzend erhalten ist, hatten so gewaltige Ausmaße, dass man in ihren Kronen regelrechte Plattformen erbaute, die Platz boten für eine ganze Blaskapelle, oder auf denen sogar getanzt werden konnte. Man nannte sie deshalb auch die 'Tanzboden-Linden'.

Leider haben Naturereignisse wie die verheerenden Orkane der jüngeren Vergangenheit, aber auch menschliche Unvernunft und Gedankenlosigkeit schon einige unserer schönsten Baumdenkmale stark beschädigt oder gar zerstört.

Den großartigsten Bäumen unserer Zeit soll mit diesem Buch ein kleines Denkmal gesetzt werden, damit auch sie die Chance haben, lebendige Geschichte zu werden.

Linde in Oberhausen (Bodelshausen)

Unsere Baumlegenden

Die drei berühmtesten Bäume unserer Region sind heute längst nur noch Geschichte, doch sollten sie als solche den Menschen noch lange in Erinnerung bleiben:

Die Geschichte des ältesten dieser drei Bäume geht hierbei bis ins Mittelalter zurück, verliert sich in einer Zeit zwischen dem Ende des 12. bis vielleicht Mitte des 13. Jahrhunderts. Als im Jahre 1874 ein Gewittersturm dem Leben der *Dicken Eiche* ein jähes Ende setzte, galt der im Nehrener Gemeindewald stehende Methusalem als größtes Gewächs im damaligen Königreich Württemberg. Ihr mächtiger Stamm konnte von fünf Männern nicht umspannt werden, hatte also wohl einen Umfang von mehr als neun Metern! In diese Dimensionen vorzustoßen, ist seitdem keinem unserer Bäume mehr gelungen – und auch in der weiteren Zukunft ist damit wohl kaum zu rechnen. Nach 130 Jahren ist vor kurzem ein letztes großes Trümmerstück durch einen Überzug mit Kunststoff-Farbe vor der endgültigen Verrottung bewahrt worden und somit der Nachwelt erhalten geblieben.

Die zweite Berühmtheit aus dem Reich der legendären Baumgestalten wurde der Sage nach von Herzog Ulrich im Jahre 1534 nach seiner Rückkehr aus dem Heiligen Land in seine Stammburg Hohentübingen gepflanzt. Die heute dort stehende *'Ulrichs-Linde'* ist freilich die etwa 25-jährige Nachfolgerin, die an gleicher Stelle gepflanzt wurde, als der fast 450-jährige Veteran Anfang der 80er-Jahre wegen Fäulnis entfernt werden musste.

Auch unsere dritte Baumlegende ist eng mit einem Monarchen des Hauses Württemberg verbunden: Als Graf Eberhard im Bart im Jahre 1482, also fünf Jahre nach seiner Universitätsgründung in Tübingen, auf der nördlichen Hochfläche des Neckartals – auf heutiger Gemarkung Kirchentellinsfurt – sein Jagdschlösschen erbaute, pflanzte er in dessen Hof einen aus Jerusalem mitgebrachten *Weißdorn*. Fast 280 Jahre lang soll dieser auf allen alten Darstellungen der Anlage verzeichnete Baum dort gestanden haben.

Ob es sich beim heutigen Baum, der leider im Orkan regelrecht gespalten wurde, um den direkten Nachfolger handelt, ist mehr als fraglich. Auch er hätte dann schon fast zweieinhalb Jahrhunderte auf dem Buckel. Dies dürfte jedoch gut 100 Jahre zu hoch gegriffen sein, was den Schluss nahe legt, dass es sich wohl eher um den 'Enkel' handelt.

Die vier steinernen Füße des Tisches vor dem Baum sind übrigens die letzten Überreste der einstmals sechzehn Steinsäulen, die die Äste des alten Hagdorns stützten. Ob der heutige Nachkömmling die massive Beschädigung durch den Sturm auf Dauer übersteht, bleibt indes abzuwarten, denn häufig führen erst die Folge-Einwirkungen durch Feuchtigkeit und anschließendem Pilzbefall zu Fäulnis und schließlich zum Absterben.

Viele unserer nachfolgend vorgestellten Baumveteranen hatten auch unter der Trockenheit des Jahres 2003 zu leiden, was sich sehr deutlich im Frühjahr und Sommer 2004 in Form von dürrem, abgestorbenem Geäst zeigte. So sehr wir Menschen uns über 'schönes', sonniges Wetter freuen, so sollten wir doch nicht vergessen, dass lang anhaltende Trockenheit in erster Linie den Borkenkäfern entgegenkommt, unsere Bäume aber in argen Stress versetzt. Allein in Baden-Württemberg wurden bis Ende September 2003 bereits 1 Million Festmeter Käferholz registriert! Unser Bundesland hat heute (2005) nach Rheinland-Pfalz den höchsten Anteil deutlich geschädigter Bäume (43 % in der Schadstufe 2 bis 4) und gleichzeitig den niedrigsten Anteil bei den gesunden Bäumen (19 %).

Hoffen wir also, dass derartige Trockenjahre trotz steigender Tendenz auch in der Zukunft zu den seltenen Ausnahmen gehören.

Hoffen wir auch, dass die zuständigen Gemeinden künftig wieder in die Lage versetzt werden, etwas mehr für den Erhalt unserer schönsten Altbäume zu tun – damit sich auch unsere Kinder und Kindeskinder an ihrem Anblick erfreuen können.

Tübingen

Die Riesenbuche

Buchenlaub
im Frühling und Herbst

Tübingen-Zentrum

Der eindrucksvollste Buchenveteran unserer Baumregion ist weder in den Wäldern des Albtrauf-Bereichs noch im Rammert oder Schönbuch zu finden, er steht mitten in der Stadt. Im Zentrum Tübingens, im mittleren Teil des Alten Botanischen Gartens hat dieser mächtige Baum wohl ungezählte Besucher zum Staunen gebracht.

Mit seiner rund 25 Meter durchmessenden, weitgehend unbeschädigten Krone macht er auch rund 200 Jahre nach seiner Pflanzung noch eine ausgesprochen gute Figur. Der deutlich schief stehende, stark wulstige Stamm ist der einzige seiner Art, der bei uns die 5-Meter-Marke übertrifft.

Wenn von den *Leistungen* der Bäume die Rede ist, wird nicht selten die Buche als gutes Beispiel gewählt. Sie ist mit Abstand unser wichtigster Laubbaum und kein anderer ist so intensiv untersucht und dokumentiert wie die *Rotbuche (Fagus sylvatica)*. Die Anzahl der bei einem großen Exemplar vorhandenen Blätter dürfte bei etwa 200.000 liegen, was einer Fläche von immerhin 1.200 m² entspricht. Über diese Fläche werden an einem Sommertag 400 Liter Wasser verdunstet, 5 kg Sauerstoff erzeugt und 6 kg Kohlendioxid aufgenommen. Damit kann der Baum täglich ein Volumen von 20 m³ Luft erneuern – genug um einen Menschen einen Tag lang mit frischer Atemluft zu versorgen.

Ganz in der Nähe stand eine zweite Altbuche, die jedoch 2004 leider gefällt werden musste. Als Nachfolgerin wurde eine *Engler's Buche (Fagus engleriana)* gepflanzt.

Riesenbuche
im Alten Botanischen
Garten

Tübingen

Eichen mit Stil

Stieleiche
im Alten Botanischen Garten
(Rümelinstraße)

Mythos Wald, Mythos Eiche. Vor 2000 Jahren war ganz Mitteleuropa von geradezu 'ungeheuerlichen' Wäldern bedeckt, wie der römische Schriftsteller Tacitus berichtet. In vorchristlicher Zeit war das Leben von Menschen und Bäumen sehr viel inniger miteinander verbunden als heute, wo man den Wald überwiegend unter wirtschaftlichen, oder auch touristischen Gesichtspunkten betrachtet. Bei den alten Germanen spielte vor allem die *Stieleiche (Quercus robur)* eine wichtige Rolle, sie wurde besonders im Zusammenspiel mit Quellen und Steinen als Ort göttlicher Macht verehrt. Verletzungen von Bäumen wurden zu dieser Zeit schwer bestraft, oft mit dem Tode.

Bonifatius, der Bekehrer Germaniens, soll im Jahr 723 die berühmte *Donar-Eiche* bei Geismar gefällt und damit das wichtigste Symbol des heidnischen Lebens vernichtet haben. Und dennoch hat die Eiche in der deutschen Geschichte ihren besonderen Platz, wobei der Naturfreund von heute vernünftigerweise jegliche Zusammenhänge der standhaften Eiche mit möglichen deutschen Charakterzügen ignoriert und sich lediglich an der prächtigen Statur des langlebigen Baumes erfreut.

Hierzu bieten auch zwei massige Stieleichen im Alten Botanischen Garten Anlass, die sicher wenigstens aus der Zeit um 1804 stammen, als dieser in der Nachfolge des alten *Hortus Medicus* von 1663 angelegt wurde. Die stärkere steht trotz voller Krone eher unauffällig an der Rümelinstraße, während sich ihre Schwester auf der Museumsseite stark gekürzt präsentiert.

Stieleiche
im Alten Botanischen
Garten

Tübingen

23

Die Eichenpyramide

Pyramideneiche
im Alten Botanischen Garten

Tübingen-Zentrum

In der Nähe des hessischen Babenhausen steht die älteste *Pyramideneiche* Deutschlands, die etwa 550 Jahre alte *Schöne Eiche*. Durch einen Blitzschlag im Jahre 1928 hat ihre Schönheit allerdings sehr gelitten, sie büßte damals den oberen Teil ihrer Krone ein. Von ihr stammen möglicherweise alle mitteleuropäischen Bäume dieser Variation der Stiel-Eiche ab – ihr botanischer Name lautet *Quercus robur var. fastigiata*. Durch eine Mutation der Knospen, also einer Veränderung des Erbgutes, entstand eine für Eichen völlig untypische Kronenform. Sie erinnert in ihrem säulenartigen Wuchs zunächst stark an eine Pyramidenpappel. Mit zunehmendem Alter neigen sich die steil nach oben strebenden und oft schlangengleich gewundenen Äste mehr und mehr nach außen, so dass eine breiter ausladende Krone mit ungewöhnlicher Aststellung entsteht.

Annähernd 400-jährige Pyramideneichen sind zum Beispiel im Schlosspark Ludwigslust (südlich von Schwerin), im Park des Klosters Haydau im nordhessischen Morschen oder auch im thüringischen Schlosspark Goldacker (Nationalpark Hainich) zu bewundern.

Wenn man das sehr langsame Wachstum dieses Baumes in Betracht zieht, darf man annehmen, dass das im Alten Botanischen Garten in Tübingen stehende Exemplar bereits zu den 'Gründungsmitgliedern' der Anlage zählt. Unsere mit Abstand größte Fastigiata (Kronenhöhe gut 25 Meter) dürfte somit ziemlich genau 200 Jahre alt sein.

Pyramideneiche
im Alten Botanischen
Garten

Tübingen

Riesenlebensbäume

Holzfäller mit Riesenlebensbaum in Nordamerika, 1890

Die Gattung *Thuja*, auch als *Lebensbaum* bezeichnet, gehört zur Familie der Zypressengewächse und umfasst insgesamt nur sechs Arten, von denen zwei in Nordamerika und vier in Ostasien beheimatet sind. Der *Riesenlebensbaum (Thuja plicata)* ist einer der beiden Amerikaner, er wächst von Nord-Kalifornien bis Süd-Alaska und erreicht dort mit über 60 Meter Höhe und einem Stammdurchmesser bis zu sechs Meter eine beeindruckende Größe, wie nebenstehendes Bild aus dem Jahr 1890 zeigt. Sein Alter kann dabei durchaus 1000 Jahre betragen.

Das Holz dieser Riesenbäume wurde in früheren Zeiten vor allem im Kernbereich – dort hat es eine rötliche Färbung und ist sehr witterungsbeständig – zum Bau von Kanus und Totempfählen verwendet, heute dagegen für die Herstellung von Schindeln, aber auch im Möbelbau.

Eine unbedingt erwähnenswerte Besonderheit ist die so genannte *Schleppenbildung*. In höherem Alter neigen sich die unteren Seitenäste immer stärker zum Erdboden, wo sie sich schließlich selbst bewurzeln und in Form von scheinbar selbstständigen Bäumen kreisförmig den Zentralstamm umgeben. Dieser Vorgang hat auch bei den beiden ältesten Exemplaren im Alten Botanischen Garten Tübingens bereits stattgefunden. Aufgrund ihres flachen Wurzelsystems scheinen aber auch sie unter der Trockenheit des Jahres 2003 gelitten zu haben.

Riesenlebensbaum
im Alten Botanischen Garten

Tübingen

Am Mississippi...

Sumpfzypresse im Alten Botanischen Garten

... und im schlammigen Süden Floridas, den Everglade-Sümpfen, ist sie zu Hause, die Nordamerikanische *Sumpfzypresse (Taxodium distichum)*. Wenn man an die dortigen Standorte und die klimatischen Bedingungen denkt, die dort im allgemeinen herrschen, grenzt es fast an ein Wunder, dass es ein Baum dieser Art überhaupt schafft, bei uns erwachsen zu werden. Schließlich fehlen hier die im Süden der USA häufigen Überschwemmungen und unsere Winter weisen immer mehr oder weniger lange Frostperioden auf.

Die rötlich-braune, faserige Borke löst sich in langen Streifen ab, die feinen Nadeln werden wie beim häufiger gepflanzten Urwelt-Mammutbaum im Winter abgeworfen. Besonders typische Kennzeichen dieser im Tertiär noch weltweit verbreiteten Baumart sind die so genannten *Atemknie*, botanisch als *Pneumatophoren* bezeichnet. Dies sind recht skurril anmutende, an Stalagmiten der Tropfsteinhöhlen oder auch an Termitenbauten erinnernde Gebilde, die rings um den Standort des Baumes aus dem Boden wachsen. Ihre Funktion besteht darin, den Wurzelbereich mit atmosphärischem Sauerstoff zu versorgen, wenn der untere Teil des Stammes über längere Zeit überflutet ist.

Bei unserem Tübinger Exemplar, das offensichtlich in unmittelbarer Nähe zur Ammer ein ausreichend durchfeuchtetes Erdreich vorfindet, dürfte es jedoch kaum zu Ausbildung von Atemknien kommen.

Sumpfzypresse
im Alten Botanischen Garten

Tübingen

Blätter des Ginkgobaums

Das lebende Fossil

Im Jahre 1712 veröffentlichte der deutsche Arzt und Botaniker Engelbert Kämpfer erstmals in Europa die Beschreibung eines Baumes, den er in Japan kennengelernt hatte. Er nannte ihn *Ginkyo* nach den beiden Silben *gin* (für Silber) und *kyo* (für Aprikose), da die steinfruchtartigen Samen in ihrer silbrig-gelblichen Färbung ein wenig an Aprikosen erinnern. Durch einen Fehler des Schriftsetzers wurde daraus *Ginkgo*, und dieser Name, der von Carl von Linné für sein Botanisches System offiziell übernommen wurde, hat sich bis heute erhalten.

Das absolut Außergewöhnliche an diesem Baum ist zunächst die Tatsache, dass es nur eine einzige Art dieser Gattung gibt und diese bildet sogar eine eigene Familie, Ordnung und Klasse! Noch bemerkenswerter freilich ist, dass *Ginkgo biloba* seit über 200 Millionen Jahren nur wenig verändert überdauert hat – ein vollkommen eigenständiger und isolierter Zweig im Entwicklungsgefüge aller Baumverwandschaften.

In wenigen Reliktgebieten Chinas haben sich die einst weltweit verbreiteten Ginkgos im Laufe vieler Jahrhunderte zu 50 Meter hohen, mächtigen Bäumen entwickelt. In Europa steht das älteste Exemplar wahrscheinlich im Botanischen Garten von Utrecht, Pflanzdatum war etwa 1730. Die vor allem im Herbst ungewöhnlich attraktiven Bäume erfreuen sich auch bei uns steigender Beliebtheit. Ihr im Herbst leuchtend gelbes Blätterkleid ist ein echter optischer Leckerbissen. Auch im Tübinger Alten Botanischen Garten sind insgesamt acht Ginkgos versammelt.

Ginkgobaum
im Alten Botanischen
Garten

Tübingen

Fast ausgestorben...

Alte Feldulme
am Ammerbrückle,
Alter Botanischer Garten

... sind mittlerweile in weiten Teilen Europas die ehemals zahlreichen Ulmenbestände. Schuld daran ist ein kleiner Pilz, der vom Ulmensplintkäfer übertragen wird und die Wasserleitungsbahnen des Baumes unterbricht. Er verursacht damit zunächst das Vertrocknen einzelner Kronenteile und schließlich das Absterben des ganzen Baumes.

Das etwa seit 1920 von Frankreich und den Niederlanden ausgehende Ulmensterben hat insbesondere auch das mit außergewöhnlich vielen und alten Ulmen gesegnete England schwer getroffen. Aber auch in Deutschland und speziell in unserer Region sieht es diesbezüglich düster aus! Wer könnte heute auf Anhieb den Standort einer alten Ulme nennen?

Der vielleicht größte Ulmen-Riese Baden-Württembergs wurde in den 80er-Jahren allerdings Opfer des Straßenbaus: Als damals die Autobahntrasse bei Denkendorf verbreitert wurde, hatte der über 300-jährige Ausnahme-Baum (Stammumfang ca. 9 Meter!) leider die weniger einflussreichen Fürsprecher.

Die letzte große Ulme des Schönbuchs – ihr Status als Naturdenkmal konnte da offensichtlich auch nicht helfen – wurde im Frühjahr 1991 bei Dettenhausen gefällt.

Die Tübinger haben in dieser Hinsicht Glück gehabt: Immerhin fast ein Dutzend Bäume (elf – um genau zu sein) mit Stammumfängen von über drei Metern und einem Alter von über 100 Jahren sind in unserem Raum dem 'Killer-Pilz' bisher entgangen – und alle stehen sie im Zentrum der Uni-Stadt!

Feldulme
im Alten Botanischen
Garten

Tübingen

Die letzten Mohikaner

Bergulme
auf dem Spielplatz
bei der Musikschule

Tübingen-Zentrum

... nein, ein Geheimnis soll aus den Standorten unserer letzten großen *Ulmen* nicht gemacht werden. Aber ein bisschen spannend darf's doch sein? Vorher gibt's nämlich erst noch ein paar wichtige botanische Häppchen zu den drei bei uns vorkommenden Arten, damit Sie eine Ulme auch als solche erkennen, wenn Sie einer begegnen.

Da ist zunächst einmal die *Bergulme (Ulmus glabra)*, deren wertvolles Holz auch unter dem Namen *Rüster* bekannt ist. Die Artbezeichnung glabra bedeutet 'glatt', womit der lange Zeit glatte Stamm gemeint ist, nicht etwa die Oberfläche der asymmetrischen Blätter, die sich ganz im Gegenteil sehr rau anfühlt.

Die *Feldulme (Ulmus minor)* hat dagegen als einzige glatte Blattoberflächen und Samen, die deutlich aus der Mitte der kleinen Flügelfrüchte verschoben sind.

Bleibt die *Flatterulme (Ulmus laevis)*, die weder die Größe noch das Alter der beiden anderen Arten erreicht. Nur bei ihr sind die Blüten gestielt und die Flügel der Früchte haben einen haarigen Rand.

Nun aber zu den Standorten: Der Alte Botanische Garten beherbergt im westlichen Teil eine riesige, vierstämmige Feldulme (S. 33), zwei weitere flankieren das östliche Ammer-Brückle (S. 32). Eine fast 40 Meter hohe Ulme steht auf der Neckarinsel, ein bald ebenso hoher Zwieselbaum beim Anlagensee. Bei der *Alten Physik* sind zwei Flatterulmen zu finden, drei Bergulmen zwischen Musikschule und Pauline-Krone-Heim (S. 34 und 35), die elfte am Neckarufer beim Hotel Domizil.

Bergulme
beim Pauline-Krone-
Heim

Tübingen

Der Eschenahorn

Männliche Blüte
des Eschen-Ahorns

Weibliche Blüte
des Eschen-Ahorns

Tübingen-Zentrum

Was hat der *Eschenahorn (Acer negundo)* mit einer Esche zu tun? Der meist recht kleinwüchsige Baum, der ab 1688 aus dem östlichen Nordamerika eingeführt wurde, hat als einziger seiner Gattung wie eine Esche gefiederte Blätter, allerdings nur drei bis fünf (selten sieben) und damit deutlich weniger als sein Namenspatron. Außerdem haben die häufig bei uns gepflanzten Gartenformen sehr auffällige Blattfärbungen – beim *Silbereschenahorn* sind die Ränder weißlich, beim *Goldeschenahorn* gelb und bei der Varietät *'Flamingo'* auch rosa – so dass eine Bestimmung nicht allzu schwer fällt.

Ein weiterer Unterschied zu den anderen Ahorn-Verwandten besteht in seiner Zweihäusigkeit, es gibt also weibliche und männliche Bäume. Das obere Bild zeigt eine männliche Blüte mit vielen, rötlichen Staubbeuteln, die häufig von Bienen aufgesucht werden. Die weibliche Blüte ist deutlich unscheinbarer, ihre beiden Fruchtblätter entwickeln sich nach der Befruchtung zu den typischen Ahorn-Flügelfrüchten. Diese bleiben übrigens meist bis zum Frühjahr am Baum hängen.

In der Tübinger Mauerstraße ist ein männliches, außergewöhnlich starkes, altes Exemplar zu bewundern, das seit 1985 sogar unter Naturschutz steht. Ein weiterer, mehrstämmiger Baum mit breiter Krone steht an der Unterführung beim Museum.

Eschenahorn
in der Tübinger Mauerstraße

Tübingen

Linde am Österberg

Studentenverbindungs-Haus auf dem Österberg

Tübingen-Zentrum

In Europa kommen von Natur aus nur drei reine Lindenarten vor, die *Sommerlinde (Tilia platyphyllos)*, die *Winterlinde (Tilia cordata)* und die *Silberlinde (Tilia tomentosa)*. Da sie jedoch alle drei miteinander gekreuzt werden können – aus den beiden ersten entstand so die *Holländische Linde (Tilia x europaea)* – ist die Zuordnung nicht immer einfach. Blätter, Blüten und Fruchtstände eignen sich am besten für die Bestimmung: Die Blattunterseiten der Sommerlinde zeigen weißliche Achselbärtchen und aus ihren meist drei Blüten, die sich im Juni etwa zwei Wochen vor der Winterlinde öffnen, entstehen zur Reifezeit recht harte, 5-rippige Früchte. Die Winterlinde dagegen ist auf der Blattunterseite bräunlich behaart, hat meist 4 bis 10 Blüten an einem Stiel und ihre Früchte sind deutlich weicher und nicht gerippt. Die viel seltenere Silberlinde erkennt man an ihren weißfilzigen, silbrig schimmernden Blattunterseiten.

Am westlichen *Österberg* steht in herrlicher Aussichtslage über der Tübinger Altstadt, – zwischen den Burschenschaften Rhenania und Franconia – eine prächtig entwickelte Winterlinde, deren hoch aufragende und völlig unversehrte Krone schon von der Neckarbrücke aus ins Auge fällt. Für die meisten Besucher werden die teilweise unter Denkmalschutz stehenden, zwischen 1885 und 1910 entstandenen Häuser der Studentenverbindungen freilich einen größerer Blickfang darstellen. Eingebettet in das üppige Grün der großen Linden und Buchen und überwölbt vom Blau des Himmels, zählen auch sie zu den Wahrzeichen der Stadt.

Linde
am Österberg

Tübingen

39

Europas Schönste

Platenallee
mit Tübinger Neckarfront

Tübingen-Zentrum

Im *„Schwäbischen Baumbuch"*, das 1911 von der Königlich Württembergischen Forstdirektion herausgegeben wurde, wird die Tübinger *Platanenallee* als die vielleicht schönste ihrer Art in ganz Europa bezeichnet. Bald hundert Jahre nach diesem großen Kompliment hat das Rückgrat der Neckarinsel nichts von seinem Reiz verloren, wenngleich die 82 Bäume mittlerweile deutliche Spuren des Alters zeigen – 200 Jahre könnten sie fast schon auf der Borke haben.

Vor einigen Jahren wurde die Einwohnerschaft der Universitätsstadt durch eine Abbildung im Schwäbischen Tagblatt aufgeschreckt: Sie zeigte die Neckarinsel mit den verbliebenen Stümpfen der abgesägten Platanenallee! Zahlreiche empörte Anrufer konnten dann mit dem Hinweis beruhigt werden, dass es sich lediglich um eine fototechnische Bearbeitung gehandelt habe.

Dies zeigt zum einen, dass die alten Platanen den Tübingern sehr ans Herz gewachsen sind, zum anderen aber auch, dass ihr Gesundheitszustand zumindest als bedenklich zu bezeichnen ist – wenn nichts unternommen wird, könnte es bald tatsächlich so aussehen! Nach erfolgter Sanierungsmaßnahme dürfte uns der Anblick dieser herrlichen Bäume wohl noch einige Jahre erhalten bleiben.

Seit 1998 hat sich eine wachsende Kolonie von Dohlen die Platanen als Brutbäume auserkoren und der Verein zur Erhaltung bedrohter Tierarten und ihrer Lebensräume stellte ihnen daraufhin in ihren Kronen rund 60 Brutkästen zur Verfügung.

Platanenallee
auf der Neckarinsel

Tübingen

Große Platane am Anlagensee

Im Schatten der Allee

Die bei uns recht häufig als schadstoffresistente Stadtbäume gepflanzten Platanen werden in der Fachliteratur überwiegend als Kreuzung zwischen der *Morgenländischen Platane (P. orientalis)* und der in Amerika beheimateten *Westlichen Platane (P. occidentalis)* beschrieben. Sie wird deshalb auch als *Hybrid-Platane (P. hybrida)* bezeichnet. Ihre wesentlichen Kennzeichen sind die – meist zu zweit – an langen Stielen hängenden, kugeligen Fruchtstände und die glatte, oft grünlich schimmernde Borke, von der sich immer wieder flache Stücke ablösen und dabei gelbe Flecken hinterlassen.

Platanen wachsen schnell zu mächtigen Bäumen heran, die auch recht alt werden können. Auf der griechischen Insel Kos ist die von einem Gerüst gestützte 'Platane des Hippokrates' zu sehen, sie soll 500 bis 600 Jahre alt sein. Auf knapp die Hälfte bringt es das im Hohenheimer Schlosspark stehende Riesenexemplar, das mit seinem 7,4-Meter-Stamm und seiner gewaltigen Krone für echte Baumfreunde allein schon einen Besuch lohnt.

Gewissermaßen im Schatten der weithin bekannten Platanenallee stehend, hat Tübingen einige weitere Baumriesen dieser Art zu bieten. Die beiden stärksten und beeindruckendsten Exemplare stehen zum einen am Stadtgraben beim Alten Botanischen Garten und zum anderen an der Derendinger Allee, kurz vor dem Schlossberg. Weitere, etwa 200-jährige Platanen sind vor der Alten Burse und beim Anlagensee zu finden.

Platane
am Stadtgraben

Tübingen

Unter der Alleenbrücke

Hainbuche an der Alleenbrücke

Hätte man vor gut 100 Jahren die heutige Derendinger Allee nicht an gleicher Stelle erbaut, an der schon die viel ältere Vorgänger-Brücke des Hirschauer Steges über den Neckar führte, so wäre wahrscheinlich einer von zwei bemerkenswerten Brückenbäumen nicht ungeschoren davon gekommen.

Auf der östlichen Seite, unterhalb der Neckarhalde, blickt man auf eine sehr alte *Hainbuche (Carpinus betulus)* hinab, deren 18 Meter durchmessende Krone trotz einiger dürrer Äste weitgehend intakt erscheint. Der sehr massige Stamm teilt sich früh in zwei starke Stämmlinge, deren Oberfläche in typischer Weise 'spannrückig' ausgebildet ist, d. h. von langen Wülsten und Gräben überzogen ist. Der Gattungsname der Hainbuche, Carpinus, leitet sich vom lateinischen *carpere* ab, was so viel wie 'rupfen' bedeutet. Das Laub der Hainbuche ist für Weidetiere von besonderer Qualität und wurde deshalb früher häufig zur Laubheu-Gewinnung 'geschneitelt', d. h. die jungen Triebe wurden in etwa zwei bis drei Meter Stammhöhe alle paar Jahre geschnitten. Dies war bis zum Ende des 19. Jh. ein recht weit verbreiteter Brauch.

Auf ihrer westlichen Seite wird die Alleenbrücke von den mächtigen Kronenästen einer *Platane* überragt, die in der Verlängerung der berühmten Allee steht und wohl auch deren Alter von knapp 200 Jahren erreicht haben dürfte. Mit ihrem gewaltigen Stamm – immerhin 4,5 Meter im Umfang – ist sie, zusammen mit ihrer Schwester am Tübinger Stadtgraben, stärkste Platane der Region.

Platane
an der
Alleenbrücke
(Neckarinsel)

Tübingen

Am Hölderlinturm…

Silberweide am Hölderlinturm

… steht die vielleicht bekannteste Trauerweide Tübingens (Bild links). Das auf einem alten Wehrturmsockel errichtete Gebäude, in dem der Dichter Friedrich Hölderlin von 1807 bis zu seinem Tod 1843 bei der Familie des Schreinermeisters Zimmer lebte, gehört zusammen mit der Neckarfront zu den am häufigsten abgelichteten Postkarten-Motiven der Neckarstadt.

Die *Weiden* sind die charakteristischen Bäume der Auenwälder in den Überschwemmungsbereichen der großen Flüsse. Außer ihnen können nur noch Pappeln und Erlen den Wechsel von Überschwemmung und Trockenheit ertragen. Unter den etwa 50 mitteleuropäischen Arten kommt die *Silberweide (Salix alba)* am häufigsten vor. Die *Hänge-* oder *Trauerweide* ist eine Varietät dieser Art und besitzt wie diese ein nahezu unbegrenztes Ausschlagvermögen. Schon aus kleinsten, abgebrochenen Zweigstücken kann ein neuer Baum heranwachsen!

Ähnlich den Pappeln, besitzen auch die Weiden ein weiches, wenig dauerhaftes Holz. Aufgrund ihres schnellen Wachstums erreichen sie aber schon nach einem Menschenalter sehr beachtliche Stammumfänge, am Anlagensee in Tübingen beispielsweise bis zu 3,5 Meter. Die auf S. 47 abgebildete 'Kletterweide', die wohl ungezählte Kinder zu einem kleinen Balanceakt eingeladen hatte, ist im Oktober 2005 leider in den See gestürzt.

Unsere 'Hölderlin-Weide' am Anlegeplatz der Stocherkähne hat nach dem Abbruch eines starken Astes bereits unter erheblichem Pilzbefall zu leiden.

Silberweide am
Tübinger Anlagensee

Tübingen

Tübinger Blut

Blutbuche in der Schweickhardt-Straße

Bei den auch im Tübinger Stadtbereich relativ häufig anzutreffenden *Blutbuchen* handelt es sich keineswegs um eine eigenständige Art der Gattung '*Fagus*', sondern um eine durch Mutation entstandene Variation unserer *Rotbuche (Fagus sylvatica)*, die nach ihrer Blattfärbung den Formnamen '*purpurea*' erhielt. Diese Färbung entsteht durch eine rötliche Pigmentierung des oberen und in etwas schwächerem Maße auch des unteren Blattgewebes, der Epidermis. Diese überdeckt die vor allem in der Blattmitte angereicherten grünen, chlorophyllhaltigen Zellen.

Erstaunlicherweise keimen aus den Bucheckern von Blutbuchen nur ungefähr zur Hälfte auch wieder rotblättrige Bäume!

Die Blutbuchen zählen bei entsprechender Größe und im Freistand sicher zu den prächtigsten Laubbäumen überhaupt, weshalb sie vor allem in größeren Gärten und Parkanlagen angetroffen werden. Die erste rotblättrige Buche soll übrigens schon im Jahr 1190 in Zürich entdeckt worden sein.

Die schönsten und größten Tübinger Blutbuchen finden sich östlich des Anlagensees. Hier steht ganz in der Nähe übrigens auch ein großes Exemplar der Hängebuche.

Weitere großartige Exemplare stehen in der Schweickhardtstraße sowie vor der 'Villa Metz' in der Hechinger Straße. In der Gründerzeit, vor allem in den Jahren nach 1871, galt eine Blutbuche geradezu als dekoratives Status-Symbol und war fast schon eine Art Modehit. Auch auf dem Universitäts-Parkplatz stehen drei durchaus beachtenswerte Purpureas.

Blutbuche
am Anlagensee

Tübingen

Das Urwelt-Relikt

Zweig des Urwelt-Mammutbaums

Das Jahr 1941 hatte der botanisch interessierten Weltöffentlichkeit eine absolute Sensation zu bieten: In einem etwa 800 Quadratkilometer großen Gebiet in Zentral-China wurde eine bisher völlig unbekannte Baumart entdeckt. Mit Hilfe der zufällig im gleichen Jahr veröffentlichten Pflanzenfossilfunde des japanischen Paläobotanikers Miki, die dem Baum verblüffend ähnlich sahen, konnte er genauer bestimmt werden. Es zeigte sich, dass die Fossilreste, die Miki aufgrund verschiedener Ähnlichkeiten mit amerikanischen Mammutbäumen der Gattung *Metasequoia* zugeordnet hatte, in allen wesentlichen Merkmalen mit dem neu entdeckten Baum übereinstimmten. Die zunächst vermutete Verwandtschaft mit der chinesischen Wasserkiefer (Gattung *Glyptostrobus*) hat sich im Artnamen erhalten, man nannte ihn deshalb *Metasequoia glyptostroboides*.

Der bei uns als *Urwelt-Mammutbaum* bekannt gewordene Baum ist die einzige existierende Art einer eigenen Gattung, die wie die übrigen Mitglieder der Familie der Sumpfzypressengewächse alle Kriterien für 'lebende Fossilien' erfüllt: Sie war nur noch auf kleinen Restarealen erhalten, ist sehr artenarm und hatte in früheren Erdzeitaltern eine wesentlich weitere Verbreitung. Wegen der reizvollen, sommergrünen Benadelung, seines raschen Wuchses sowie seiner Klimaverträglichkeit ist dieser schöne Baum bei vielen Gartenbesitzern beliebt und so ist der Urwelt-Mammutbaum heute mit Hilfe des Menschen in sein ehemaliges Verbreitungsgebiet zurückgekehrt.

Urwelt-
Mammutbaum
am Anlagensee

Tübingen

Die Alte Lindenallee

Alte Linde
auf dem Sportgelände des
SV Tübingen 03

Zu Zeiten Herzog Ulrichs von Württemberg (Regierungszeit 1498 bis 1550, gestorben und begraben in Tübingen) erbauten im Jahre 1508 Stadt und Land gemeinsam den 'Hirschauer Steg', der seit gut 100 Jahren als 'Alleenbrücke' bekannt ist. Im jenem Jahr schenkte die Stadt Tübingen ihrer Universität als Verschönerung des Zugangs zu den Universitätsgebäuden rund um die Stiftskirche eine Anpflanzung von etwa 40 Lindenbäumen.

Erst nach über 400 Jahren, im Jahr 1911, werden Maßnahmen zur Erhaltung der *Alten Lindenallee* ergriffen, so etwa die Herausnahme jeglichen Verkehrs, nachdem die Allee kurz zuvor durch den vom Bahnhof zum Schlossberg angelegten Damm der Ammertalbahn erstmals durchquert wurde.

1933 sind dann durchgehende Pflegemaßnahmen nachgewiesen: An Hohlstellen werden baumchirurgische Arbeiten vorgenommen, abgegangene Bäume werden nachgepflanzt.

Mitte der 70er-Jahre wird der ehrwürdige Baumbestand durch den neuen Schlossberg-Tunnel samt Brücken und Dammbauten erneut massiv durchschnitten.

Die heute noch vorhandenen Überreste der Alten Lindenallee sind ein einzigartiges Naturdenkmal von hohem Rang – auch überregional gesehen. Wie viele Linden aus der ersten Generation noch erhalten sind, heute also ein Alter von fast 500 Jahren aufweisen, lässt sich schwer sagen: Es könnten bestenfalls zwölf sein, wahrscheinlich aber nur fünf.

Alte Lindenallee

Tübingen

Ein Amerikaner im Volksgarten

Frucht des Schwarznussbaums

Wer im Spätherbst und Winter auf dem Spielplatz im Tübinger Volkspark auf etwas merkwürdig und fremdartig anmutende Steinfrüchte stößt, dunkelbraun, kugelig und sehr hart, wird sich vielleicht fragen, unter welcher Art Baum er sich da gerade befindet: Ein sehr starker, fast drei Meter im Umfang messender Stamm mit grob-rissiger, gefurchter Borke und weit ausgebreiteten, bis in 30 Meter Höhe reichenden Kronenästen.

In der Wuchsform vielleicht am ehesten noch mit einer Esche vergleichbar, lassen in der Vegetationsperiode auch die gefiederten Blätter auf eine solche schließen – aber diese Früchte! Sie sind während der Entwicklungszeit ähnlich der Walnuss von einer grünen Fruchthülle umgeben, haben also mit den schmalen, geflügelten Früchten der Esche nicht das Mindeste gemein. Die im Inneren der sehr dickschaligen Kugelnüsse herzförmig eingebetteten Fruchtkerne erinnern ebenfalls stark an Walnuss-Kerne. Und in der Tat ist dieser Baum eng mit der Walnuss verwandt, wenngleich nicht in Europa heimisch.

Es ist ein aus dem östlichen Nordamerika stammender *Schwarznussbaum (Juglans nigra)*, der in seiner Heimat wegen seines guten Nutzholzes und der essbaren Fruchtkerne sehr geschätzt wird. Bei uns findet man diese wertvollen Bäume meist nur in Arboreten und Parks gepflanzt, ihr Holz erzielt bei Verkäufen Erlöse von über 1000 Euro je Festmeter. Dies entspricht immerhin dem Vierfachen von Eiche oder Bergahorn!

Die beiden großen Tübinger Exemplare im Volksgarten und im Alten Botanischen Garten sind aufgrund der Seltenheit dieser Art etwas ganz Besonderes.

Tübingen-Südstadt

Schwarznussbaum
im Volksgarten

Tübingen

Die Bergpappel

Kanadische Pappel auf dem Bergfriedhof

Tübingen-Südstadt

Sind Pappeln etwa popelig? Papperlapapp! *Populus* ist als botanischer Gattungsname vom gleichnamigen, lateinischen Begriff für 'Volk' abgeleitet. Wie dieses befinden sich die Blätter der *Zitterpappel* oder *Aspe (P. tremula)* selbst bei geringster Luftbewegung in ständiger Aufregung. So entstand aus einem Art-Merkmal gleich der ganze Gattungsname. Ursache für das 'Zittern' ist übrigens der sehr dünne Stiel der Blätter.

Neben der Aspe gibt es bei uns nur noch die *Silberpappel (P. alba)* und die *Schwarzpappel (P. nigra)* als einheimische Arten, letztere auch in der Varietät der *Pyramidenpappel* und in vielen Hybrid-Formen. Die älteste, bereits vor 1700 nachgewiesene Schwarzpappelsorte ist *P. serotina*, die als Hybride aus der Kreuzung mit der *Nordamerikanischen Pappel (P. deltoides)* hervorgegangen ist und ihr europäisches Elternteil im 18. Jh. aufgrund ihres rasanten Wachstums schnell verdrängt hat. Heute wird sie allerdings von Baumschulen nicht mehr nachgezogen, da sie sich gegenüber den 'moderneren' Sorten als relativ krankheitsanfällig zeigt.

P. serotina heißt auch *P. canadensis*, die *Kanadische Pappel*. Ein etwa 150-jähriges Exemplar in prächtiger Solitärstellung ist im Tübinger Bergfriedhof zu finden. Der seit 1939 unter Naturschutz stehende Baum wurde 1964 schwer vom Blitz getroffen, fünf Jahre später saniert und mit Seilen verspannt. Man darf gespannt sein, wie lange der fast hohle Stamm – sein Umfang beträgt 4,6 Meter – die über 20 Meter große Krone noch tragen kann.

Kanadische Pappel
auf dem Bergfriedhof

Tübingen

Die Bergbuchen

Rotbuche
östlich der Kapelle
im Bergfriedhof

Tübingen-Südstadt

Nach 1987 wurde in den alten Bundesländern 2002 ein zweite Waldinventur durchgeführt. Ziel einer solchen Bestandsaufnahme ist ein *"statistisch gesicherter Gesamtüberblick über die großräumigen Waldverhältnisse"*, wie es auf der Homepage der Forstlichen Versuchs- und Forschungsanstalt Baden-Württembergs (FVA) nachzulesen ist. Danach hat sich die Situation unseres Bundeslandes etwas verbessert, was die Baumarten-Zusammensetzung und das Maß der Naturverjüngung anbelangt. Der Anteil der Laubbäume hat sich um 7% (auf 42%) erhöht, derjenige der Fichte ist um 6% (auf 38%) zurückgegangen. Die anfälligen Reinbestände, vor allem bei der Fichte, haben sich zugunsten von Mischwäldern um 21% verringert. Bei den Läubbäumen spielt in Deutschland, und ganz besonders in Baden-Württemberg, die *Rotbuche (Fagus sylvatica)* eine ganz wichtige Rolle, denn jeder zweite Laubbaum bei uns ist eine Buche. Mit deutlichem Abstand folgen Eiche, Hainbuche, Esche und Ahorn.

Als Baum der mittleren Lagen ist die Buche am Albtrauf natürlich absolut vorherrschend, doch finden sich auch im Neckarland verschiedentlich mächtige Exemplare, so etwa auf dem Tübinger Bergfriedhof. Die beiden grauen Riesen östlich des Haupteingangs bzw. der kleinen Kapelle zählen mit ihren gut 35 m hohen Kronen und vier Meter umfassenden Stammsäulen zu den 'Top Ten' in unserer Region.

Buche
östlich des
Haupteingangs im
Bergfriedhof

Tübingen

Die Zwiesel-Eiche

Zwiesel-Eiche beim Sudhaus

Eine Frage: Was fällt Ihnen zum Begriff 'Zwiesel' ein? Vielleicht die Stadt der Glasbläser im Bayerischen Wald? Oder ein 1782 Meter hoher Berg im Chiemgau?

In unserem Zusammenhang ist natürlich eine besondere Wuchsform des Baumes gemeint, bei der sich zwei (manchmal auch mehr) Stämme ausbilden. Wie entsteht ein solcher Zwieselbaum? Hat dies etwas mit Geomantie zu tun, mit Störzonen also, hervorgerufen durch Wasseradern, Erdstrahlen, Magnetfeld-Veränderungen oder Elektro-Smog? Über solchen Störzonen seien häufig abnormer Baumwuchs – z. B. auch Zwieselwuchs – zu beobachten, wie das Europäische Zentrum für Umweltmedizin im österreichischen St. Pölten berichtet (*www.gesundesleben.at*). In ähnlicher Richtung, als eine Abwehrreaktion des Baumes gegen Neutronenstrahlen, eine Ausprägung der 'Neutronotropie der Bäume', erklärt es der Physiker Dr. Langer (*www.drhdl.de*): Der Baum weicht den zellzerstörenden Neutronen aus und wächst in Bereiche mit geringerer Strahlendosis.

Wie wäre es mit der folgenden, eher unspektakulären, rein botanischen Erklärung: Eine Stammteilung entsteht, wenn nach dem Ausfall der Endknospe zwei (oder auch mehrere) Seitenknospen das Längenwachstum übernehmen.

Eine besonders stattliche *Zwiesel-Eiche* ist beim ehemaligen Derendinger Waldhörnle (heute Sudhaus) zu finden. Der mächtige Stamm teilt sich nach wenigen Metern und die beiden Teilachsen streben dann in Form eines schmalen V bis in über 30 Meter Höhe.

Zwiesel-Eiche beim Sudhaus

Tübingen

Tübinger Kastanien

Rotblühende Rosskastanie

Tübingen-Gartenstadt

Auch in Tübingen gehört die *Rosskastanie (Aesculus hippocastanum)* zu den häufigsten städtischen Großbäumen. Die aus dem Balkangebiet stammende Baumart wurde in Mitteleuropa wahrscheinlich erstmals im Jahre 1576 in Wien gezogen, der Same stammte aus dem damaligen Konstantinopel. Von Mazedonien ausgehend, hat sich seit den 1980er-Jahren ein mittlerweile sehr bekannter Schädling über Europa ausgebreitet: die *Miniermotte*. Ihre gefräßige Larve zerstört das Parenchym-Gewebe, in dem das lebensnotwendige Chlorophyll entsteht!

Besonders eindrucksvolle Baum-Exemplare finden sich zum Beispiel vor der psychiatrischen Klinik, beim Anlagensee, in den Lustnauer Fischergärten oder auch in der Nähe des Landestheaters in der Eberhardstraße.

Der vom Stammumfang her mächtigste aller 'Hippos' unserer Region befindet sich jedoch stadtauswärts im Steinlachtal, direkt an der Zufahrtsstraße zum ehemaligen Schloss Bläsiberg. Sein sich rasch in mehrere starke Hauptäste verzweigender Stamm misst stolze 4,40 Meter.

Unbedingt erwähnenswert ist auch eine aus 100 Rosskastanien bestehende Kreisbogen-Allee, die bei den Sportanlagen im Westen der Stadt vor etwas mehr als 100 Jahren angelegt wurde. Zusammen mit ebenfalls etwa 100 gleichaltrigen Linden, die – zwischen TSV-Gelände und dem Wildermuth-Gymnasium in gerader Linie gepflanzt – diesen Kreis durchschneiden, bilden sie eine absolut außergewöhnliche Gesamtanlage.

Rosskastanie beim Bläsiberg

Tübingen

Die Große Eiche

Borke der Großen Eiche, Derendingen

Tübingen-Derendingen

Als Eiche im Gewann *Hohen Lehen* ist seit 1972 eine mächtige *Stieleiche* als Naturdenkmal eingetragen, die hoch über dem Steinlachtal auf Derendingens Gartenstadt herabschaut. An der Talkante der Härten überragt sie den umgebenden Wald deutlich und ist vielleicht deshalb auf alten Karten auch mit der Bezeichnung *Große Eiche* verzeichnet. Ihre Krone bietet ein interessantes und charakteristisches Bild: Die äußeren, starken Äste haben nahezu alle Verzweigungen verloren und ragen nackt und starr aus dem Blätterdach heraus. Darunter hat sich eine relativ fein verzweigte 'innere' Krone erhalten, die anzeigt, dass der sehr alt wirkende Veteran durchaus noch nicht am Ende seiner Tage angekommen ist. Tatsächlich soll die Eiche den Angaben der Naturschutzbehörde zu Folge aus der Zeit um 1780 stammen, womit sie für unsere Verhältnisse eher in einer mittleren Altersklasse landet.

Im Bereich des Stadtteils Derendingen waren in früheren Jahren zwei weitere Baumdenkmale zu finden: Südlich des Bläsibergs stand die *Drillingsbuche* – seit 1939 unter Naturschutz. Ebenso lange war die *Pfeffers Sparre*, eine mächtige Waldkiefer an der Nordspitze des Rammert, geschützt. Beiden half dieser Status freilich nichts, als sie von den Orkanen der Jahre 1990 und 1999 abgebrochen bzw. umgestürzt wurden.

Die Hohen-Lehen-Eiche ist somit heute Derendingens einziges Baumdenkmal. Weitere, wie etwa der Eichen-Zwiesel beim alten Waldhörnle, werden wohl kaum hinzukommen.

Eiche
im Hohen Lehen,
Derendingen

Tübingen-
Derendingen

Die 'falsche' Hemlocktanne

Douglasie beim Professorenstein

Die mit Abstand wichtigste eingebürgerte Baumart Mitteleuropas ist die *Douglasie (Pseudotsuga menziesii)*. Ihr deutscher Name erinnert an den schottischen Botaniker D. Douglas, der diese nordamerikanische Konifere 1827 nach England brachte. Entdeckt hatte sie bereits 1793 sein Landsmann, der Arzt und Botaniker A. Menzies, nach dem die Art dann auch benannt wurde. Der Gattungsname ist aus dem griechischen *pseudo* (= falsch) und *tsuga* (= Gattungsname der Hemlocktanne) zusammengesetzt.

Die Douglasie gehört in ihrer Heimat mit Wuchshöhen bis zu 90 Metern und Stammdurchmessern von über 4 Metern zu den mächtigsten Waldbäumen überhaupt. Sie weist die höchsten Wachstumsraten aller Baumarten auf, übertrifft auf gleichen Standorten die Massenleistung der Fichte um bis zu 100 %!

Die ältesten in Deutschland gepflanzten Bäume sind mittlerweile vielleicht 140 Jahre alt, wobei am Rosskopf (östlich von Freiburg) bei 80-jährigen Exemplaren – ich kann es kaum glauben – schon eine Höhe von 62 Metern gemessen wurde!

Unsere Kreisklassen-Douglasien können da, was die Höhe anbelangt, zur Zeit noch nicht mithalten: Die mit großem Abstand stärkste steht unterhalb der Erddeponie Schinderklinge, nahe beim Professorenstein, auf Lustnauer Gemarkung. An ihrem 4,9 Meter umfassenden Stamm wurde die charakteristisch dicke Borke von einem Blitz aufgerissen. Viele weitere starke Exemplare sind in unmittelbarer Nähe anzutreffen.

Douglasie
beim Professorenstein

Tübingen-Lustnau

Über den Österberg

Mammutbaum auf dem Österberg

Bis zum Bau der neuen B 27 durchs Neckartal nach Kirchentellinsfurt war die Stuttgarter Straße Teil des Hauptverbindungsweges von Tübingen in Richtung Landeshauptstadt. Dort, wo sie ganz nahe am Fuß des Österbergs vorbei zieht, steht eine mächtige *Stieleiche*, die, trotz ihres Standorts an der verkehrsreichen Straße, allgemein recht unbekannt sein dürfte. In den Aufzeichnungen der Unteren Naturschutzbehörde und der übrigen zur Verfügung stehenden Literatur wird sie jedenfalls nicht erwähnt. Mit ihrem 4,8 Meter messenden Stammumfang und ihrer riesigen, weitgehend erhaltenen Krone (Durchmesser ca. 22 Meter) zählt sie zu den größten ihrer Art in der gesamten Region. Ein derart gleichmäßiger, kugelförmiger Kronenaufbau ist in dieser Größe ausgesprochen selten anzutreffen. Schon deshalb sollte der prachtvolle, wenigstens 250-jährige Baum nicht länger namenlos bleiben und zukünftig als *'Stuttgarter Eiche'* die bewundernden Blicke der bei der Informationstafel des Parkplatzes haltenden Autofahrer auf sich ziehen.

Der benachbarte Österberg ist auf seiner freien Nordseite im Sommer bei Gleitschirmfliegern, im Herbst bei den Drachenfreunden und im Winter bei den Schlittenfahrern gleichermaßen beliebt, und wer auf seinen 438 Meter hoch gelegenen Gipfel steigt, kann vom Kaiser-Wilhelm-Turm aus einen herrlichen Blick über die Stadt genießen. Nach Westen wird ihm die Sicht allerdings ein wenig von einem stattlichen Mammutbaum verstellt.

Eiche
am Österberg

Tübingen

Die Eichen am Herrlesberg

Eiche am Herrlesberg

Oberhalb von Lustnau, mit schönem Blick über Tübingen, stehen vier *Stieleichen*, die wegen ihrer besonderen Kronenform sofort ins Auge fallen. Sie sind an ihrem Standort, direkt am Beginn der seit einigen Jahren neu bebauten Hochfläche des Herrlesberges, praktisch ungeschützt.

Aufgrund dieser windexponierten Lage haben sie auf kurzem, starkem Stamm (Umfang bis 4 Meter) mit ihren teilweise fast horizontal verlaufenden Hauptästen eine besonders breite und flache Krone ausgebildet, um dem Wind möglichst wenig Angriffsfläche zu bieten. Man hat bei ihrem Anblick den Eindruck, dass sich die Bäume regelrecht 'ducken', den Wind über sich hinweg streichen lassen wollen. Diese Anpassung an die spezifischen Standortbedingungen ist bis heute durchaus erfolgreich, da man deutlich weniger Astbrüche beobachten kann, als eigentlich zu erwarten wären, wenn man bedenkt, wieviele Stürme sie in ihren vielleicht 160 Lebensjahren schon mitgemacht haben.

Ihr Standort scheint ihnen aber andererseits geradezu überreichlich Nährstoffe zur Verfügung zu stellen – bei eher kargen Bodenverhältnissen sind Eichen gleichen Alters nämlich nur ungefähr halb so stark! Die prächtigen Herrlesberg-Eichen stehen schon seit 1939 unter Naturschutz und es ist zu hoffen, dass sie den Unbilden des Wetters – und den Einflüssen des Menschen gleichermaßen – noch lange werden trotzen können.

Tübingen-Lustnau

Eiche
am Herrlesberg

Tübingen-Lustnau

Die Friedenseiche

Rotbuche beim ehemaligen Versorgungskrankenhaus

Tübingen-Lustnau

Auf vielen Karten und Stadtplänen Tübingens ist auf einer Anhöhe nördlich der Stadt, dem *Denzenberg*, noch der Begriff '*Versorgungskrankenhaus*' eingetragen. Dieser langgestreckte Gebäudekomplex wurde in den Jahren 1937 bis 1940 als Standort-Lazarett errichtet, womit der Beginn eines Krieges schon erkennbar war. Nach der Übergabe Tübingens an die Franzosen 1945 wurde es von diesen als Lazarett '*Emile Roux*' weitergeführt und erst 1982 geräumt.

Wenige Jahre später verließen die letzten Patienten das Krankenhaus, am 31. 12. 1986 wurde es dann geschlossen. Heute steht der Komplex '*auf dem Sand*' der Universität zur Verfügung, die dort ihre Fakultät für Informatik untergebracht hat.

An der südöstlichen Ecke des Areals – gleichzeitig die Südspitze des Naturparks Schönbuchs – steht eine starke *Stieleiche*, die ebenfalls mit einem Krieg zu tun hat, besser gesagt mit dessen Beendigung. Es geht allerdings um den Deutsch-Französischen Krieg von 1870/71; nach dem Friedensschluss wurde hier eine '*Friedenseiche*' gepflanzt. Dies ist schon etwas Besonderes, da bei solchen Anlässen meist Linden gesetzt werden.

Seit 1972 ist die '*Friedenseiche*' als Naturdenkmal eingetragen. Ihre Krone hat einen Durchmesser von gut 22 Meter und wer ihren Stamm mit seinen fast 4 Metern Umfang betrachtet, würde ihr glatt das Doppelte an Jahren zutrauen, schließlich wachsen Eichen im Allgemeinen eher langsam. Weitere beachtenswerte Bäume, z. B. eine schöne Rotbuche (Bild oben), stehen ganz in der Nähe.

Friedenseiche
auf dem Denzenberg

Tübingen-Lustnau

Obst unter Naturschutz

Birnbaum
auf den Braunäckern.
Dettenhausen, 1990

Dass es auch *Obstbäume* bis zum Status eines geschützten Naturdenkmals bringen können, mag viele überraschen. Auf den Braunäckern zwischen Dettenhausen und Waldenbuch steht (noch) der wahrscheinlich älteste und stärkste Birnbaum weit und breit. Gegenüber dem dicksten Wildobstbaum Deutschlands, einem Apfelbaum bei Stubbendorf in Mecklenburg-Vorpommern liegt er zwar noch um gut einen Meter im Umfang zurück, doch sind seine 3,5 Meter für ein *Rosengewächs* immerhin ein regionales Rekordmaß! Seine Krone hat dieses 'Obst-Urgehölz' mittlerweile schon zur Hälfte eingebüßt und der teilweise offene Stamm lässt vermuten, dass es zu seinen vielleicht 200 Jahren wohl nicht mehr allzu viele wird hinzufügen können.

In erheblich besserem Zustand wird ein weiterer großartiger *Pyrus pyraster* am Heuberg in Tübingen angetroffen. In beeindruckender Weise streben seine zahlreichen starken Äste auseinander und bilden eine 16 Meter breite und weit geöffnete Krone. Für mich ist er ohne Zweifel der schönste aller unserer Birnbäume.

In der 3-Meter-Klasse dürfen zumindest ein starkes Exemplar bei Häslach (am Weg zur Sulz-Eiche) und ein angesichts seiner Sturmschäden besonders zähes bei Gomaringen (am Weg zum Mähringer Bahnhof) schon mitspielen. Letzteres bietet dem Betrachter einen kleinen Durchblick durch seinen hohlen Stamm.

Ja, und dann ist da noch der Efeuumrankte in der Reutlinger Beethovenstraße …

Birnbaum
am Heuberg

Tübingen-Nordstadt

Im Schönbuch

'Schlösslin im Schöbuoch'

Linde beim Hofgut Einsiedel

Die Geschichte des heutigen Hofgutes *Einsiedel* über dem Neckartal bei Kirchentellinsfurt begann schon im Jahre 1460, als Graf Eberhard im Bart hier ein Gestüt errichtete, das dann immerhin bis 1810 Bestand hatte. 1482 wurde ein Jagdschloss erbaut, in dem sich der damalige Landesherr offensichtlich recht häufig aufhielt.

Von einer Reise nach Jerusalem brachte er einen Weißdorn-Schößling mit, den er eigenhändig im Hof des *Schlösslins* gepflanzt haben soll. Im ganz in der Nähe von ihm gegründeten St.-Peter-Stift wird er nach seinem Tod im Jahr 1496 beigesetzt. Dieses Stift brannte 1580 nieder, die Steine wurden zum Bau des Wilhelm-Stifts in Tübingen verwendet.

Das schon seit Mitte des 16. Jahrhunderts auch landwirtschaftlich genutzte Hofgut ging 1823 an König Wilhelm I. und ist heute im Besitz des Herzogs von Württemberg. Seit 1999 steht das ehemalige Schlösschen unter Denkmalschutz und wird seit 1964 als Ferienheim für die Jugend genutzt.

Von dem legendären *Weißdorn (Crataegus monogyna)* war schon an früherer Stelle die Rede, deshalb sollte hier ein anderer Baum des Einsiedels erwähnt werden, der in allen Veröffentlichungen sozusagen 'im Schatten' des alten Hagdorns steht: die *Winterlinde* direkt an der Durchfahrtsstrasse. Sie dürfte etwa das Alter der am Waldrand beim Einsiedelsträßle beginnenden *Lindenallee* haben, also ca. 220 Jahre. Ihr Stamm ist hohl und ihre Krone deutlich geschädigt, die Zahl der trockenen Äste nimmt leider rasant zu.

Weißdorn
im Schlosshof Einsiedel

Kirchentellinsfurt

Eiche III
beim Dreispitz
(Blockhaus)

Tübingen-Pfrondorf

Im Eichenfirst

Das Waldgebiet nördlich der Anbaufläche Einsiedel und östlich des Kirnbachtales trägt seinen Namen *Eichenfirst* völlig zurecht, denn hier stehen einige der ältesten und stärksten *Stieleichen* des gesamten Schönbuchs. Da sie leider in keiner mir bekannten Veröffentlichung über den Naturpark und ebenso wenig in den Merkblättern der Naturschutzbehörde erwähnt werden, sollen sie wenigstens an dieser Stelle eine gewisse Würdigung erfahren – möglicherweise nur wenige Jahre vor ihrem Verschwinden.
Der erste großartige Standort befindet sich nur wenige hundert Meter westlich des *Jägersitzes*. Während die am Weg stehende und seit langen Jahren abgestorbene, 280-jährige Eiche vor kurzem ganz abgenommen wurde – aus ihrem Sockel wurde ein hölzerner 'Thron' geschnitzt –, ist ihre gut 400-jährige Schwester noch immer am Leben. Allerdings ist ihr 6-Meter-Stamm von ihren eigenen Trümmern umgeben und eine umgestürzte Fichte hat sich in ihrer Krone verfangen, was dem Baumgreis ein nicht eben würdevolles Aussehen verleiht.
Beim Blockhaus im Gebiet *Dreispitz* hat sich ebenfalls die mit 400 Jahren älteste Eiche einer Dreier-Gruppe, wenngleich mit starken Schädigungen, bis heute standhaft gezeigt. Ein zweiter Baum ist schon vor Jahren gestürzt und der dritte ragt nackt und ohne Krone gen Himmel.
Noch weiter südlich, beim *Roten Tor*, steht mit der *Forstrats-Eiche* – gewidmet Forstrat Eisenbach – ein weiterer Eichenriese auf Pfrondorfer Gemarkung.

Eiche I
beim Dreispitz
(Blockhaus)
1989

Tübingen-Pfrondorf

Eiche II
am Dreispitz (Blockhaus)
1989

Tübingen-Pfrondorf

Forstrats-Eiche am Roten Tor

Tübingen-Pfrondorf

Hainbuche
im Goldersbachtal

Tübingen-Bebenhausen

Carpinus fantasii

Der Name *Hainbuche* oder auch *Weißbuche (Carpinus betulus)* lässt zwar auf eine Verwandtschaft mit der (Rot-)Buche schließen, doch gehört sie trotz der tatsächlich vorhandenen Ähnlichkeiten in der Blattform oder auch in der Farbe der Borke zu den Birkengewächsen. Die Hainbuche ist ein wichtiger heimischer Waldbaum, der zusammen mit Buche und Eiche großen Anteil am Aufbau unserer Laubmischwälder hat.

Ihr Wachstum geht recht langsam vonstatten, so dass bei einem maximalen Lebensalter von meist unter 150 Jahren nur sehr selten besonders kapitale Exemplare zu finden sind.

Zwei von diesen Ausnahmebäumen sind in unserer Region bis heute erhalten geblieben: Direkt am Neckar bei der Alleenbrücke in Tübingen steht ein schönes altes Exemplar, das wir schon kennen gelernt haben (S. 44).

Die vielleicht schönste Hainbuchen-Gestalt ist unweit der Einmündung des Kirnbachs in den Goldersbach – zwischen Bebenhausen und Lustnau – zu finden. Wie die Fangarme eines Riesen-Kraken recken sich die langen Hauptäste talwärts und mit ihrem weit ausgreifenden Stammfuß, der sich in zahlreiche Wurzelfüße aufteilt, sowie dem stark spannrückigen 2,5-Meter-Stamm gäbe sie wohl in jedem Fantasy-Film eine geradezu märchenhafte Figur ab. Die für die Art außerordentliche Dicke des Stammes lässt auf ein ebenso außergewöhnliches Alter von mindestens 200, wenn nicht sogar 250 Jahren schließen.

Hainbuche
im Goldersbachtal

Tübingen-
Bebenhausen

Die Klosterbäume

Silberweide am Klostersee

Die überaus reizvolle Lage des heutigen Tübinger Stadtteils Bebenhausen begeisterte die Menschen wohl schon in alter Zeit. Um das Jahr 1183 gründete hier der damalige Pfalzgraf Rudolph I. von Tübingen ein Kloster, das dann wenige Jahre später von den Zisterziensern übernommen wurde und sich über Jahrhunderte hinweg zu einem der reichsten Klöster Württembergs entwickelte.

Erst zu Beginn des 19. Jh. löste der erste württembergische König Friedrich I. die theologische Basis auf, gestaltete das ehemalige Abtshaus zu seinem Jagdschloss um und veranstaltete prunkvolle Hofjagden. Sein Sohn, Wilhelm I., übertrug Bebenhausen 1819 dem württembergischen Staat und sorgte für den baulichen Erhalt der Anlage. Auch die ihm folgenden Könige Karl und schließlich Wilhelm II. hielten sich häufig in Bebenhausen auf und veranlassten zahlreiche Um- und Ausbauten. Die königlichen Wohnräume können übrigens seit 1986 mit originaler Ausstattung besichtigt werden.

Bei so viel bedeutender Kulturgeschichte bleiben die ebenso vorhandenen Baumschätze oft unbeachtet: vor der Abtsküche eine ca. 130-jährige *Silberlinde (Tilia tomentosa)* mit breitem Stammanlauf und nur wenigen trockenen Ästen. Eine zweite, mit sehr schmaler und hoher Krone vor der Kirche, weist dagegen schon deutliche Trockenschäden auf. In der Parkanlage beim See fallen zwei alte *Silberweiden* auf, die eine mit komplett abgenommener und gut austreibender Krone, die andere dagegen umso ausladender.

Silberweide
im Klostergarten

Tübingen-
Bebenhausen

Kloster-Linde I
vor der Abtsküche

Tübingen-Bebenhausen

Silberlinde
vor der Klosterkirche

Tübingen-
Bebenhausen

Der keltische Kultbaum

Eiben-Borke

Tübingen-Bebenhausen

Die *Eibe (Taxus bacata)* war einst der heilige Baum der Kelten. Nach deren Weltanschauung war die Seele des Menschen unsterblich und so pflanzten sie die ewig lebenden Eiben ihren Toten zur Seite. Noch heute sind in den ehemals keltisch besiedelten Gebieten Nordwest-Frankreichs, Großbritanniens und Irlands uralte, riesige Eiben erhalten, die meist auf Friedhöfen oder an besonderen Kultplätzen stehen. In die hohlen Stämme der bis zu 2000 Jahre alten Bäume, mit Stammumfängen von über 12 Metern, wurden sogar kleine Kapellen-Räume eingerichtet.

Schon den Kelten war die außerordentliche Elastizität und Widerstandsfähigkeit des Eibenholzes bekannt und so fertigten sie daraus viele Gebrauchsgegenstände, in England insbesondere Bogen, Pfeil und Armbrust. Der starke Holzbedarf dezimierte die Eibenbestände auch der kontinentalen Wälder und so steht der seit dem Ausgang des Mittelalters seltene Baum heute als einzige Art generell unter Naturschutz.

Charakteristisch für die Eibe ist zum einen ihre Mehrstämmigkeit – wobei die Stämmlinge im Laufe der Jahrhunderte zu einem komplexen Stamm verwachsen können –, zum anderen ihre Giftigkeit. Mit Ausnahme des roten Fruchtmantels sind alle Teile des Baumes hochgiftig. Dieser beerenartige *Arillus* unterscheidet sich grundlegend von den verholzenden Zapfen aller übrigen Nadelgewächse.

Unsere vielleicht stärkste Eibe steht am *Kaltenbüchle* nördlich von Bebenhausen; ihr Stamm misst 2,6 Meter im Umfang.

Eibe
am Kaltenbüchle

Tübingen-
Bebenhausen

Stieleiche an der Kohltorwiese

Die Kohltorwiese

Nördlich von Bebenhausen liegt, auf der Höhe über dem Goldersbachtal, eine große Lichtung, die es buchstäblich 'in sich' und 'um sich' hat. Die *Kohltorwiese* wurde schon vor vielen Jahrzehnten mit Kastanien bepflanzt, die sich mittlerweile zu recht stattlichen Bäumen mit ungewöhnlich breit angelegten Kronen ausgewachsen haben. Als Wildfutter-Bäume sind Kastanien im Schönbuch immer wieder anzutreffen, in dieser Anzahl und Wuchsform sind sie aber schon etwas Besonderes.

Umgeben ist die Kohltorwiese von einem sehr alten *Eichen-Buchen-Hainbuchen-Wald*, dem klassischen Laubmischwald also, der sich bei uns ohne Zutun des Menschen vielerorts bilden würde. Als zwei der hier versammelten 15 Eichen-Veteranen im Jahre 1962 unter Naturschutz gestellt wurden, waren sie bereits etwa 300 Jahre alt, doch welche es sind, lässt sich anhand der schriftlichen Unterlagen nicht genau feststellen. Der Hinweis 'südlich des Weges' grenzt die Wahl immerhin auf fünf ein, von meinen beiden 'Hauptverdächtigen' ist die eine noch einigermaßen intakt, die zweite jedoch vom Sturm übel zugerichtet. Wer sie besuchen möchte, sollte nicht mehr allzu lange warten, denn die meisten befinden sich in einem äußerst schlechten Zustand – eine ist vom Borkenkäfer schon teilweise entrindet.

Im Zusammenspiel mit den vielleicht 200-jährigen Hainbuchen und Buchen, von denen einige mehrstämmig ausgebildet sind, entfaltet sich ein Waldzauber, wie er nur von alten und ausdrucksstarken Baumgestalten hervorgerufen werden kann.

Alter Eichen-Buchen-Hainbuchen-Wald bei der Kohltorwiese

Tübingen-Bebenhausen

Die Schönbuch-Linden

Otto-Schäffer-Linde
auf dem Langen Rücken
2003

Tübingen-Bebenhausen

Innerhalb des Naturparks Schönbuch galt die *Dicke Linde* im Kayher Tal lange Zeit als die älteste und stärkste ihrer Art. Schon im Schwäbischen Baumbuch, 1911 von der Königlich Württembergischen Forstdirektion herausgegeben, wurde sie als 'Ruine' mit 'eigenartigem Reiz' beschrieben und im Laufe der folgenden Jahrzehnte ist dieser 500-, vielleicht sogar 600-jährige Methusalem dann mehr und mehr zusammengebrochen. Noch 1980 schickte sie in einer Beschreibung des Herrenberger Oberforstrats Dinkelaker "tapfer aus ihrem Strunk Jahr für Jahr neue Zweige", in den 1990er Jahren lösten sich die Reste des einst mächtigen Stammes aber dann vollends auf. Nach dem Abgang der Dicken Linde rückte die *Otto-Schäffer-Linde* auf dem *Langen Rücken* an die erste Position, obwohl schon vor 1989 nur noch einer ihrer beiden Stämmlinge erhalten war. Doch als zehn Jahre später der Orkan *Lothar* für die schlimmsten Waldschäden der jüngeren Geschichte sorgte, ließ er auch diesen gut 300-jährigen Restriesen, der seit 1962 als Naturdenkmal eingetragen war, als kaum zwei Meter hohen Stammtorso zurück. Ein ganz in der Nähe gepflanzter Nachfolger hält die Erinnerung an den Namensgeber Otto Schäffer (1898-1958) wach, der zuletzt seit 1947 als Abteilungsleiter bei der Forstdirektion Tübingen tätig war.
Die in heutiger Zeit größten und ältesten Linden des Naturparks stehen in der *Lindenallee* beim Einsiedel (von etwa 220 Bäumen wurden 150 entwurzelt!), sowie bei der *Bärloch-Hütte* am Langen Rücken und beim Schaichhof-Rastplatz.

Otto-Schäffer-Linde
auf dem Langen
Rücken
1989

Tübingen-
Bebenhausen

Bei der Bärloch-Hütte

Linde
bei der Bärloch-Hütte

Der Begriff *Bärloch* lässt zwar zunächst an eine Bärenhöhle denken, doch spricht vieles dafür, dass mit den '*Bären*' wohl eher Zuchteber gemeint waren, die in früherer Zeit zur Eichelmast in den Wald getrieben wurden.

Neben der *Kreuzbuche* und der mittlerweile gebrochenen *Otto-Schäffer-Linde* befindet sich auf Lustnauer Gemarkung ein weiterer Veteran des Schönbuchs unter Naturschutz: die *Bärloch-Eiche*. Sie steht seit bald 300 Jahren auf dem *Langen Rücken* direkt bei der alten Bärloch-Hütte am Weg. Wie bei den meisten ihrer Altersgenossen sind die unteren Äste abgebrochen, während sich die obere Krone noch in verhältnismäßig gutem Zustand befindet. Gemäß ihres Stammumfangs von 4,54 Metern liegt sie in meiner persönlichen 'Eichen-Hitparade' innerhalb des Naturparks Schönbuch auf Platz 48.

Nur wenig südlich der Bärloch-Hütte öffnet sich der Wald am Langer-Rücken-Sträßle zu einer langgestreckten Lichtung. Hier sind zwei alte, massige und großkronige *Linden* nicht zu übersehen, die im Schönbuch nur noch von ihren Verwandten an der Einsiedler Lindenallee und von der Einsiedler Linde selbst übertroffen werden. Die stärkere zeigt viele knollige Verwachsungen am Stamm und während sie noch über eine riesige, intakte 35-Meter-Krone verfügt, kränkelt ihre Nachbarin schon deutlich: Eine große Faulstelle am Stamm und zahlreiche trockene Äste kündigen den Niedergang des etwa 200-jährigen Baumes an – lindentypisch kann sich dieser allerdings noch lange hinziehen.

Eiche
bei der Bärloch-Hütte

Tübingen-Lustnau

Die Kreuzbuche

Ladstock-Buche auf dem Langen Rücken

Tübingen-Lustnau

Dass Lustnau von allen Tübinger Ortsteilen die meisten Baumdenkmale aufzuweisen hat, ist in erster Linie dem Gemarkungsanteil im Naturpark Schönbuch zu verdanken. Insbesondere im Bereich des *Langen Rückens* zwischen *Kälberstelle* und *Kirnberg* ist eine Vielzahl sehr alter Bäume erhalten geblieben. Meist handelt es sich hier um Stieleichen, deshalb sollen hier zwei herausragende *Rotbuchen* zu Wort kommen.

Mitten im Wald zwischen Bärloch-Hütte und Kirnbachtal ragt eine weit über 200-jährige Buche auf, deren einzelner Stamm zunächst 12 Meter astlos und bolzgerade emporragt, bevor sich die verbliebene Krone bis in 35 Meter Höhe verzweigt. Vielleicht hat sie wegen ihres geraden Wuchses den Namen *Ladstock-Buche* erhalten – er wurde vor etwa 40 Jahren von einer längst abgegangenen Eiche übernommen. Der im 18. und 19. Jh. zum Laden damaliger Schusswaffen verwendete Holzstock musste schließlich absolut gerade sein. Leider sind drei der größten Äste abgebrochen. Direkt am Wanderweg über den Langen Rücken steht die wahrscheinlich älteste Buche des Schönbuchs, die bekannte *Kreuzbuche*. Das Leben dieser eindrucksvollen Baumgestalt geht zwar nicht bis ins Jahr 1634 zurück – diese Jahreszahl zeigt das namensgebende Steinkreuz zu ihren Füßen – doch dürfte sie ihr drittes Jahrhundert bald vollenden.

Allenfalls die stärkste der drei alten *Jägersitz-Buchen*, einige Kilometer östlich im Eichenfirst, könnte ihr den Altersrekord noch streitig machen.

Kreuz-Buche auf dem Langen Rücken

Tübingen-Lustnau

Beim Eisenbach-Hain

Mahn-Eiche im Kirnbachtal

Dettenhausen

Bäume haben uns viel zu erzählen. Sie erinnern uns zum Beispiel an Menschen, die beim Aufbau, der Erhaltung und Pflege des Waldes eine Rolle gespielt haben. Oder an Gegebenheiten, die nachhaltig in seinen Bestand eingegriffen haben oder, wie im Falle der *Mahneiche*, die zum Glück noch verhindert werden konnten. Der weit über 300-jährige Eichen-Veteran im *Kirnbachtal* etwa erinnert an den hier 1972 geplanten Bau der Startbahn eines Großflughafens Stuttgart, der dann aufgrund zahlreicher Protestaktionen der Bevölkerung noch abgewendet werden konnte.

Nur einen Kilometer östlich der Mahneiche, direkt an der alten *Schweizer Straße*, erinnert der *Christles-Stein* an den damals 33-jährigen Christian Walker, der im Jahre 1863 unter nicht mehr lesbaren Umständen hier sein Leben verlor. Dicht dabei eine seit vielen Jahren schon gebrochene mächtige Eiche.

Noch einen weiteren Kilometer nach Osten und wir stehen bei der *Burger-Eiche*, die mit ihren ca. 380 Jahren und 5 Meter Stammumfang gerade noch in die 'Top Twenty' innerhalb des Schönbuchs kommt. Sie erinnert an den im Jahr 1971 verstorbenen Oberforstrat Hermann Burger. Bei diesem, leider durch Stürme stark geschädigten Baumriesen beginnt ein bereits 1915 zum Bannwald erklärtes Schutzgebiet, der *Eisenbachhain*. Es ist benannt nach dem Forstmeister des Forstamtes Einsiedel, der hier für seinen 1914 in Frankreich gefallenen Sohn Hans zu Füßen einer riesigen Eiche einen Gedenkstein errichten ließ.

Burger-Eiche beim NSG Eisenbachhain

Dettenhausen

Buche
im NSG Eisenbachhain

Dettenhausen

Eiche
im NSG Eisenbachhain

Dettenhausen

Die Eichen am Sauwasen

Linde an der Fronlach

Als vor 85 Jahren am südlichen Ortsrand der Sportplatz des neu gegründeten VfL Dettenhausen eingeebnet wurde, blieben am Waldrand zum *Eckberg* – dem so genannten *Sauwasen* – zwei gewaltige *Stieleichen* erhalten. Ihre sicher schon damals beeindruckende Größe – heute messen ihre Stämme 5,8 und 5,7 Meter im Umfang – und die Aussicht, sie bei freiem Stand in besonders dekorativer Weise zur Geltung bringen zu können, mag die Vereinsoberen bewogen haben, die 300-jährigen Bäume als fixe Größe in ihre Baumaßnahmen mit einzubeziehen.

Die 5200 Einwohner zählende Gemeinde im Schaichtal kann somit gleich zwei Baumriesen vorweisen, die den Rang eines Wahrzeichens haben und darüberhinaus auch als Naturdenkmale eingetragen sind. In der (fast) benachbarten Gemeinde Schönaich macht ein ähnlicher Eichen-Koloss dem Ortsnamen alle Ehre, auch wenn er infolge seines Standorts an einer viel befahrenen Straße im Ortszentrum doch schon einiges an Schönheit eingebüßt hat.

Im Dettenhauser Ortsbereich stand noch bis vor sechs Jahren eine etwa 200-jährige Rotbuche, die leider wegen Krankheit gefällt werden musste. Zu erwähnen ist weiterhin ein dreiarmiger *Spitzahorn* in der Ortsdurchfahrt und einige herausragende *Linden* an der Fronlach (Fritz-Emmel-Weg). Fährt man nordwärts, Richtung Waldenbuch, ist auf Höhe des Betzenbergs die schlanke Spitze eines *Mammutbaumes* zu sehen, der mit ca. 48 Meter als höchster Baum im Schönbuch gilt.

Eiche
am Sportplatz
'Sauwasen'

Dettenhausen

Am Grüß-Gott-Wegle

Tauben-Eiche beim Heuberg

Entlang der Waldgrenze zum Schönbuch verläuft der Hagellocher Randweg – auch als *Grüß-Gott-Wegle* bekannt – vom Sportplatz am *Diebsteig* über das *Bogentor* und das *Hölzlestor* bis zum *Heuberger Tor*, einem vielbesuchten Ausgangspunkt für zahlreiche Wandertouren Richtung Bebenhausen oder auch Hohenentringen. In früheren Zeiten befanden sich hier wohl 'Tore' in den Feld- bzw. Weidezäunen, um das Vieh zur Waldweide zu treiben.

Nahe des Hölzlestors steht ein vielleicht 300 Jahre altes Eichen-Denkmal, das trotz seines Standortes vor dem Waldrand nur geringe Sturmschäden zeigt und noch einige Jahrzehnte Bestand haben könnte – was für Bäume dieser Altersklasse gerade heute eher selten geworden ist. Ein zweiter interessanter Wanderweg – bereits ein Stück innerhalb des Waldes – zieht sich vom höchsten Punkt des Tübinger Stadtgebiets, dem 515 Meter hohen *Hornkopf*, in Richtung Bebenhausen bis zur *Geißhalde*. Es ist der parallel zum Arenbachtal verlaufende *Gratweg*, über den eine ganze Reihe recht alter Stieleichen besucht werden können, allen voran die etwa 350-jährige *Karls-Eiche*, die nach dem württembergischen König Karl (1823-1891) benannt ist. Sie weist zwar etliche trockene Äste auf, doch ist ihre 30-Meter-Krone noch weitgehend er-halten. Sehr viel schlechter geht es der weiter südlich, Richtung Heuberg stehenden *Tauben-Eiche*, die fast nur noch aus einem vom Blitz aufgerissenen Stamm besteht und wahrscheinlich in den nächsten Jahren zusammenbrechen wird.

Eiche
am Hölzletor

Tübingen-Hagelloch

Im Ammertal

Auf Schloss Roseck

Eichen beim Schloss Roseck

In herrlicher Aussichtslage auf einem kleinen Bergsporn am südlichen Schönbuchrand gelegen, blickt Schloss Roseck auf eine lange Geschichte zurück. Erste Erwähnung fand es 1287, als der damalige Pfalzgraf Götz von Tübingen das Schloss als Friedenspfand an Rudolph von Habsburg übergab. Im 14. Jh. war es im Besitz des Adelsgeschlechts der Herren von Ow und im 15. Jh. wurde es als Pfleghof für das Kloster Bebenhausen eingerichtet.

Das heutige Hauptgebäude stammt aus den Jahren 1500 – 1550 und in dieser Zeit übernahmen es dann die Herzöge von Württemberg, unter denen weitere 271 Jahre als Pflegeanstalt folgten, bis Herzog Friedrich die Königskrone erhielt. Nach einer Unterbrechung von fast 150 Jahren wurde dann die frühere Nutzung wieder aufgenommen, als die Franziskanerinnen von Heiligenbronn 1947 ein Genesungsheim einrichteten. Auch heute dient die nach einem schweren Brand von 1991 wieder renovierte Anlage als Reha-Zentrum der Erholung für schwer erkrankte Menschen.

Wie es sich für ein echtes Schloss gehört, ist auch Roseck von einigen stattlichen Bäumen umgeben, allen voran ein halbes Dutzend dicker *Eichen* unterhalb der nahe gelegenen Kapelle. Hinter dieser führt ein mit 'klumpfüßigen' *Linden* bestandener Weg zu einem großen Pferdehof. Den schönsten Standort freilich hat eine *Graupappel* beim Parkplatz unmittelbar vor dem Schlosstor besetzt. Von diesem Punkt aus bietet sich ein großartiger Blick über das Ammertal hinüber zur Wurmlinger Kapelle.

Graupappel
am Schlosstor
Roseck

Tübingen-
Unterjesingen

Die Herdweg-Linde

Herdweg-Linde

Am südlichen Ortsrand der Ammerbuch-Gemeinde *Entringen*, im Herdweg, ist eine *Linde* zu bewundern, die in unserem Raum ihresgleichen sucht. Ihre prachtvolle, völlig unbeschädigte und mit Halteseilen gesicherte Krone zeigt uns, dass sich dieser Riese noch nicht im vorgerückten Lindenalter befindet. Andererseits haben sich einige der unteren Äste in typischer Weise bogenförmig nach außen gerichtet, was in jugendlichem Alter im allgemeinen noch nicht anzutreffen ist. Ein Anwohner, der seit 1951 in seiner Nachbarschaft wohnt, erzählte mir, dass der herrliche Baum schon damals über 100 Jahre alt gewesen sei. Auch aufgrund der Zunahme des Stammumfangs in den letzten 23 Jahren – heute 4,2 Meter – kann ein Alter von etwa 170 Jahren angenommen werden.

Wenn man den Baum mit seinem Verwandten am Beginn des Herdweges vergleicht, der als Friedenslinde 1871 gepflanzt wurde und mit seinem nur gut halb so starken Stamm in einer ganz anderen 'Liga' spielt, ist man erst recht beeindruckt. Hier wird wieder einmal deutlich, wie individuell das Wachstum eines Baumes unter vermeintlich ähnlichen Bedingungen vonstatten gehen kann. Während die gleichaltrigen Friedenslinden in Oberndorf oder Sickenhausen schon zu mächtigen Gestalten herangewachsen sind, ist diese hier bis heute trotz ihrer schönen Krone schmal und fast unscheinbar geblieben. Insofern ergeht es ihnen ähnlich wie uns Menschen: Der eine kämpft in der Superschwergewichts-Klasse, der andere bleibt ein Federgewicht.

Herdweg-Linde

Ammerbuch-
Entringen

112

Die Michaels-Linde

Linde bei der Michaels-Kirche

Ammerbuch-Pfäffingen

Die Ammer beginnt ihren Weg beim Talhof südlich von Herrenberg, fließt an Gültstein vorbei, anschließend mitten durch Altingen, Reusten, Poltringen und Pfäffingen hindurch, Unterjesingen bleibt 'links liegen'. In Tübingen stellt sich ihr der Österberg in den Weg, den sie im Bogen nördlich umrunden muss. Beim Sportinstitut nimmt sie dann noch den aus dem Schönbuch zufließenden Goldersbach auf und mündet schließlich nach gut 20 Kilometern bei Lustnau in den Neckar.

Der Name *Ammerbuch* für die 1971 zusammengefasste Gemeinde könnte nicht besser gewählt sein, die beiden nördlichen Mitglieder am Schönbuchrand, Entringen und Breitenholz, sorgen hierbei für den zweiten Namensteil.

Mit dem Bau der Ammertalbahn 1910 wurde der landwirtschaftlich geprägte Ort *Pfäffingen* auch als ländlicher Industriestandort attraktiv. Bekannt wurde vor allem der Motorradhersteller Maico, der allerdings 1983 Konkurs anmelden musste. Durch den Bahnhof entstand neben dem alten Kern an der Ammer ein zweiter Ortsteil, der auch heute noch als 'Vorort' bezeichnet wird.

Neben der Michaelskirche in Pfäffingen, die zwar schon 1275 errichtet, 1711 aber an den heutigen, höher gelegenen Ort verlegt wurde, steht eine bemerkenswert gut erhaltene und prächtig gewachsene *Linde*. Dass sie schon zum damaligen Zeitpunkt gepflanzt wurde, erscheint doch sehr zweifelhaft. Da ihr alle typischen Altersmerkmale fehlen, dürfte sie wohl kaum älter sein als 130 Jahre.

Michaels-Linde

Ammerbuch-Pfäffingen

Linden am Wasserschloss

Linde am Ammersteg

Das bekannteste Bauwerk des Ammerbucher Teilorts *Poltringen* ist das 1613 nach Entwürfen des Architekten Heinrich Schickhardt entstandene *Wasserschloss*. In unmittelbarer Nachbarschaft steht noch die alte Ammermühle mit ihrem sehenswerten Stufengiebel an der nördlichen Hofseite.

Wer die Rückseite des teilweise renovierten Gebäudekomplexes erkundet, wird bald auf eine bemerkenswerte Gruppe dreier *Sommerlinden* stoßen, die bereits seit 1939 als Naturdenkmale geschützt sind.

Die östliche Linde (Bild links) hat sich mit mächtigem Wurzelfuß in den Steilhang unmittelbar über der Ammer gekrallt. Ihre zwei Stämme, die durch ein Spannseil miteinander verbunden sind, tragen eine 32 Meter hohe Krone, die nur relativ wenige dürre Äste zeigt. Der vielleicht 150-jährige Baum befindet sich in einem recht vitalen Zustand und zu seinen Füßen erinnert ein schöner Gedenkstein an das Marienjahr 1954.

Die mittlere Linde ist einstämmig und deutlich schwächer entwickelt als die beiden anderen, lediglich in ihrer Kronenhöhe kann sie hier mithalten.

Die westliche (Bild Seite 117) hat dafür beeindruckende Maße zu bieten: Aus einem Stammfuß mit über 7 Metern Umfang streben zunächst drei, später sieben Teilstämme nach oben, wo sie wie ein Blumenstrauß auseinanderstreben. Die unteren Äste wurden außen gekappt, dennoch beträgt der Kronendurchmesser noch über 20 Meter.

Linde
bei der alten
Ammermühle

Ammerbuch-
Poltringen

Die Stephans-Linde

Linde
bei der Stephans-Kirche

Ammerbuch-Poltringen

Etwas außerhalb der Ammerbuch-Gemeinde *Poltringen*, an der Straße nach Reusten, wurde Mitte des 18. Jahrhunderts am Standort einer bereits 1275 erwähnten Vorgängerin die *St.-Stephanus-Kirche* neu erbaut. Das hübsche Barock-Kirchlein bildet einen ausgesprochen stimmungsvollen Hintergrund für die wuchtige *Sommerlinde*, die – inmitten des großen Vorplatzes stehend – ihre gut 20 Meter durchmessende Krone nach allen Seiten frei ausbreiten kann.

Sollte dieser schöne Baum schon zur Zeit des Kirchen-Neubaus gepflanzt worden sein? Der ganze Habitus, vor allem der massige Stamm mit seinen dicken Maserknollen lassen ein Alter von 250 Jahren als durchaus möglich erscheinen. Die Tatsache, dass die Stephans-Linde bereits am 5. Mai 1939 unter Schutz gestellt wurde und sie somit zu den ersten Naturdenkmalen des Landkreises zählt, spricht ebenfalls für ein recht hohes Alter. Andererseits wurde ihr Stammumfang im Jahre 1980 mit 3,87 Meter angegeben, heute beträgt er 4,61 Meter! Wenn wir dieses rasante Wachstumstempo auf die gesamte Lebenszeit übertragen, würde sich rechnerisch ein Alter von nur 150 Jahren ergeben. Wie dem auch sei: Ihre weitgehend erhaltene, mit Seilen verspannte Krone zeigt verschiedentlich dürre Astspitzen, was ein wenig bedenklich stimmt. Aufgrund des feuchten Standorts im 'Täle' dürfen wir jedoch auf baldige Erholung hoffen, zumal die Linde im Allgemeinen über erstaunliche Regenerationskräfte verfügt.

Linde
bei der Stephans-Kirche

Ammerbuch-
Poltringen

Lindenprachtkäfer

Die Flugplatz-Linden

Neben der Stephans-Linde und den drei Linden beim Wasserschloss besitzt Poltringen noch einen dritten Baumschatz, der per Verordnung vom 5. Mai 1939 offiziell geschützt ist: Die drei *Linden* am 'Harthäusle', beim nördlich des Orts gelegenen Fluggelände. Damit nimmt Poltringen gewissermaßen eine Sonderstellung unter den Ammerbuch-Gemeinden ein, denn außer der seit 1972 unter Schutz stehenden Herdweg-Linde in Entringen hat es kein weiterer Baum Ammerbuchs mehr geschafft, diesen Status zu erlangen.

Zu Beginn des Jahres 1992 wurden die etwa 300-jährigen Veteranen von trockenem Geäst befreit und die damals eingebrachten Stützseile sollten den Kronen Halt für weitere hundert Jahre geben. Doch schon acht Jahre später fegte 'Lothar' über die freie Hochfläche und einer der drei völlig ungeschützten Altbäume war dieser Naturgewalt nicht gewachsen. Die Krone brach und musste komplett abgenommen werden. Es zeigte sich, dass sich im Inneren des Stammes bereits große Hohlräume gebildet hatten, die die Stabilität und Elastizität des Baumes wohl entscheidend herabgesetzt hatten.

Wer sich nun wundert, warum dieser tote Stammtorso stehen geblieben ist, der mag sich an die wichtigen Funktionen des 'Totholzes' erinnern, auf die in vielen Naturschutz-Publikationen hingewiesen wird. In diesem Fall wird einem ebenfalls geschützten Insekt, dessen Entwicklung auf abgestorbenes Lindenholz angewiesen ist, ein Lebensraum erhalten: Dem *Lindenprachtkäfer*.

Linden
beim Flugplatz

Ammerbuch-
Poltringen

Die Kaiserlinde

Zwei Linden beim Friedhof auf dem Kirchberg

Auf dem die kleine Ammerbuch-Gemeinde *Reusten* überragenden *Kirchberg* sind heute nur noch Geländespuren einer ehemaligen Befestigungsanlage zu erkennen, die sich in Form eines etwa 20 Meter langen Walles nahe der Friedhofsmauer zeigen. Der steil aufragende Kirchberg selbst wurde an der Nordost-Seite von der Ammer und südwestlich von ihrem Zufluss Kochhart aus dem Letten-keuper und dem darunter liegenden Oberen Muschelkalk heraus modelliert und bildet somit eine sehr auffällige topographische Geländeform.

Im Ortswappen von Reusten findet sich neben einem roten Balken mit Königskrone – eine von den württembergischen Königen benutzte Straße verlief durch die Gemarkung – auch ein Lindenzweig. Dieser verweist auf eine einstige Gerichtslinde, deren Nachkömmling möglicherweise die am 18. Februar 2005 gefällte *Kaiserlinde* gewesen sein könnte.

Aus einiger Entfernung wirkte die hoch über dem Kochhart-Graben aufragende Winterlinde ausgesprochen imposant und vital. Bei näherem Betrachten zeigten sich jedoch unübersehbare Pilz-Schäden am 4-Meter-Stamm, vor allem an der Ostseite, wo er etwa einen Meter hoch und breit aufgerissen war. Verschiedentlich waren die Verdickungen der Maserknollen einfach weggefault und eine Klopfprobe ließ schon auf ein weitgehend hohles Stamminneres schließen.

Dass wenigstens der untere Stamm nicht zu Brennholz, sondern zu einer hohlen Baum-Skulptur verarbeitet wurde, ist dem Rottenburger Baumpfleger Edwin Kessler und einigen Schülern der Wolfsberg-Schule zu verdanken. Der schöne Aussichtspunkt über die Gäulandschaften hat zwar sein schönstes Gewächs verloren, doch stehen zum Glück jede Menge Nachfolger bereit.

Kaiserlinde
auf dem Kirchberg

Ammerbuch-Reusten

Die Friedenslinde

Friedenslinde

Rottenburg-Oberndorf

Ein Klafter war in alter Zeit ein gebräuchliches und noch im 19. Jahrhundert verwendetes Längenmaß. Es entsprach der Spannweite beider Arme eines Mannes oder auch sechs Fuß. Auf das heutige metrische System übertragen, lässt sich ein Fuß mit 30 cm und ein Klafter demnach mit 180 cm übersetzen. Hat ein Baum einen Umfang von drei Klaftern erreicht, so ruft dies beim Betrachter neben der bloßen Stärke gleichzeitig auch die Assoziation mit hohem Alter hervor. Auf der hölzernen Tafel, die vor der *Linde* beim *Oberndorfer Sportplatz* aufgestellt wurde, ist jedoch auch ihr Pflanzjahr genannt: 1870. Sie ist also eine echte Friedenslinde und somit ein Baum, den man mit einiger Berechtigung als 'Halbstarken' bezeichnen könnte, den seine wulstigen Stammverwachsungen und die waagrecht verlaufenden unteren Hauptäste allerdings recht alt aussehen lassen. Die Wuchsbedingungen des Baumes müssen schon außergewöhnlich gut sein, um ihm nach 'nur' 135 Jahren zu einer derart korpulenten Statur zu verhelfen. Leider schmälert der wenig exponierte Standort am Rand des Sportgeländes, umgeben von Maschendrahtzaun, aber auch die mit 17 Meter (Höhe und Durchmesser) relativ kleine Krone seine Imposanz erheblich.

Eine zweite erwähnenswerte Linde in Oberndorf könnte man die 'Stonehenge-Linde' nennen. Mit ihrer schon von weitem sichtbaren, hoch gewachsenen Krone steht sie im Gewann 'Steinmäuerle' und ganz in ihrer Nähe sind dazu passend Sandstein-Quader aufgestellt.

Friedenslinde

Rottenburg-Oberndorf

Die Rohner-Linden

Rohner-Linde
an der Römerstraße

Der am 5. Dezember 2002 im Schwäbischen Tagblatt abgedruckte Bericht über die aus Gründen der Verkehrssicherheit gefällte Linde liest sich beinahe wie eine Todesanzeige: *"Die westliche der Rohner-Linden steht seit gestern nicht mehr"*, und *"Nicht nur Spaziergänger werden sie vermissen"*.

Am Standort, direkt an der Kreuzung zweier schon von den Römern genutzten Straßen, führte unter anderem die infolge der Asphaltierung immer wieder auftretende Staunässe zu schweren Schädigungen des Wurzelsystems. Nach dem Fällen des etwa 150-jährigen Baumes zeigte sich jedenfalls, dass der Stamm morsch, teilweise hohl war. Umso mehr erstaunt der relativ gute Zustand der verbliebenen, gut 3 Meter im Umfang messenden Linde. Bei den meisten Ästen der seilverspannten und teilweise eingekürzten Krone ist die Belaubung bis in die Spitzen hinein ausgebildet, einige sind allerdings dürr.

Wer den zweiten Baum nicht kannte, wird dessen frühere Existenz dennoch gut erkennen: Den ersten Hinweis gibt das große Holzkreuz, das üblicherweise von zwei Linden flankiert wird. Zum anderen zeigt die Krone der verbliebenen Linde, dass ein zweiter Baum ihre Ast-Entwicklung auf der westlichen Seite behindert hat. Doch selbst auf der östlichen Seite hat sich nie ein tief angesetzter Ast ausgebildet, der die Krone in die Breite gezogen hätte. Die erst bei acht Metern abgehenden Äste verleihen dem 28 Meter hohen Baum die stolze, aufrechte Haltung, die wir hoffentlich noch viele Jahre bewundern dürfen.

Rohner-Linde an der Römerstraßen-Kreuzung

Rottenburg-Wurmlingen

Vom Spitzberg zum Stäble

Alte Pappeln am Neckar

Alte Schwarzpappel an der Boule-Anlage

Bäume mit hohem Wasserbedarf haben entlang des Neckars auch im Stadtgebiet Rottenburgs einen guten Standort. Vor allem *Weiden* und *Pappeln* – als Schwarz-, Grau- und Pyramidenpappeln – sind hier zahlreich und in imposanten Exemplaren vertreten.

Die *Schwarzpappeln (Populus nigra)* zählen als typische Vertreter der Weichholz-Aue, die in Deutschland vor allem im Bereich der großen Flusstäler verbreitet ist, zu den schnellwüchsigsten, aber auch zu den eher kurzlebigen unter den Laubbäumen. Bei ihnen gilt man mit 50 Jahren schon als 'schlagreif', mit 100 als alt und mit über 200 als seltener 'Baumgreis'.

Der alte Pappelveteran an der Boule-Anlage, nahe der Ostbrücke, wird dieses Greisenalter wohl erreicht haben; seine nicht mehr allzu große Krone treibt zwar insgesamt noch gut aus, doch sind einige der Triebe aus den letzten Jahren bereits wieder abgestorben. Wie lange wird dieser Oldie den Kugel-Spielern zu seinen Füßen noch zusehen können?

Auf der südlichen Neckarseite breiten zwei sehr große Prachtexemplare – hier allerdings Hybridpappeln – ihre Äste hoch über dem Spielplatz *Am Deichelweiher* aus. Die beim Schlachthof, direkt an der Ostbrücke stehende *Pyramidenpappel* ist, was den Stammumfang anbelangt, mit ihren 4,5 Meter wohl die Nummer 1 in der Stadt. Sie zeigt allerdings bereits beginnende Wipfeldürre, ein Zeichen dafür, dass sie ihren langen Schatten wohl nicht mehr allzu lange über den Neckar werfen wird.

Grau- und Schwarzpappel mit
zwei Pyramidenpappeln

Rottenburg

Am Gelben Kreidebusen

Mittlere Linde am Gelben Kreidebusen

Auf einem herrlichen Aussichtshügel über Rottenburg, dem so genannten *Gelben Kreidebusen*, thronen drei *Linden*. Der Blick über die Stadt und hinüber zur *Wurmlinger Kapelle* machen den Reiz dieses schönen Platzes aus, der wohl auch als Treffpunkt für junge Leute gilt – selbst das uralte Feldkreuz aus rundgeschliffenem Sandstein blieb von der Spraydose nicht verschont!

Nahe des stärksten der drei Bäume steht eine Steinsäule mit der Jahreszahl 'J8J5', die offenbar schon als Zielscheibe für allerlei Wurfgeschosse herhalten musste. So alt wie diese Säule dürften die Linden wohl nicht sein. Die große *Winterlinde* mit ihrer breit und gleichmäßig entwickelten Krone, deren zum Teil weit herabhängende Äste durch Halteseile gesichert werden, ist der beherrschende Baum des Hügels. Zahlreiche dürre Äste verraten jedoch ihren angeschlagenen Zustand.

Etwas hangabwärts steht der zweite Baum, bei dem alle Hauptäste sehr stark mit dürrem Gezweig durchsetzt sind. Die deutlich ausgeprägte Zentralachse der schmalen und hochgewachsenen Krone scheint hierbei im Gegensatz zu vielen anderen älteren Linden noch am wenigsten betroffen zu sein.

Die dritte im Bunde, eine *Sommerlinde*, ist die unscheinbarste und kleinste des Trios. Die Krone ist bis auf den verlorenen ersten Starkast im wesentlichen erhalten und abgesehen von wenigen trockenen Spitzen in einem recht zufriedenstellenden Zustand.

Große Linde
am Gelben Kreidebusen

Rottenburg

Linde
an der Lochenstraße

Die Seebronner Linde

Nordwestlich von Rottenburg liegt das etwa 1700 Einwohner zählende Gäudorf Seebronn. Die Pfarrkirche, deren Turm eine Zwiebelhaube schmückt, feiert in diesem Jahr ihren 300. Geburtstag und die größte botanische Kostbarkeit des Ortes dürfte sich etwa im gleichen Alter befinden: die mächtige *Sommerlinde* an der Lochenstraße, südlich des Friedhofs.

In ihrer verlichteten Krone sichern zahlreiche Halteseile sowie eine hölzerne Stütze vor allem die unteren Äste. Zwei weit ausladende (bis über 10 Meter Länge), waagerecht abstehende, bzw. bogenförmig wieder zur Erde sich neigende Hauptäste haben ihr Pendant auf der Nordseite schon vor langer Zeit verloren. Dort, wo ehemals ein riesiger Seitenstamm abzweigte, gähnt heute ein gewaltiges Loch von einem Meter Durchmesser! An den Rändern ist erkennbar, welche Anstrengungen der Baum unternommen hat, um diese Wunde wieder zu schließen. Doch obwohl diese Wucherungen dicke Wülste gebildet haben, wird die Zeit für eine Heilung wohl nicht ausreichen.

Der beständige Zufluss von Feuchtigkeit ins Innere des 4,2 Meter Umfang messenden Stammes hat bereits starke Fäulnisschäden hervorgerufen. Innerhalb der Höhlung entwickelten sich drei etwa armstarke Wurzeln, die im Mulm des 'Höhlenbodens' längst wieder Fuß gefasst haben und hier zur Stützung des Riesen beitragen. Erstaunlich ist deshalb die Vitalität des Baumes, bei dem zwar zahlreiche kleinere Zweige verdorrt sind, alle großen Äste aber voll ausgetrieben haben.

Linde
an der
Lochenstraße

Rottenburg-
Seebronn

135

Im Stäble

Linde an der St. Martins-Kirche

Die weiten Flächen im Oberen Gäu zwischen Heuberg und Rommelstal sind unter dem Namen *Stäble* zumindest lokal geläufig. Diese Bezeichnung geht auf einen Gerichtsstab des ehemaligen Remmingsheimer Vogtes zurück, dessen Stabsgericht im 17. Jh. auch für Wolfenhausen und Nellingsheim zuständig war. So findet sich der Stab sowohl in den alten Ortswappen von Remmingsheim und Wolfenhausen als auch im neuen Wappen von Neustetten. Dieser bei der Gemeindereform 1971 gefundene Sammelname für alle drei Orte erinnert an eine untergegangene Siedlung namens *Stetten* auf Wolfenhausener Gemarkung. Als echte 'Stäbler' hätten sich die meisten Einwohner damals sicher für Stäble entschieden.

Wolfenhausen gilt als das am stärksten landwirtschaftlich geprägte Dorf im Landkreis Tübingen. Während bis heute kein Industriebetrieb ansässig geworden ist, gibt es hier immerhin noch 10 Vollerwerbslandwirte.

Bei der St. Martins-Kirche ist eine schöne, etwa 120-jährige und unter Naturschutz stehende *Linde* anzutreffen. Sie gabelt sich in zwei Stämmlinge und weist keine Verletzungen oder Astbrüche auf. Vom terrassenförmig angelegten Friedhof fällt beim Blick auf den gegenüber liegenden Hang eine sehr große, kuppelförmige Baumkrone auf: Auf privatem Grund steht dort in der Hinteren Dorfstraße eine riesige *Stieleiche* – ebenfalls ein Naturdenkmal. Bei fast 30 Meter Höhe erreicht ihre Krone einen Durchmesser von 25 Meter, ihr Alter liegt bei gut 200 Jahren.

Eiche
in der Hinteren
Dorfstraße

Neustetten-
Wolfenhausen

Remmingsheimer Linden

Winterlinde beim Friedhof

Während der etwa 2000 Einwohner zählende Hauptort *Remmingsheim*, der auch Verwaltungssitz ist, über ein Gewerbegebiet verfügt, sind die beiden kleineren Ortsteile *Wolfenhausen* (874 Einwohner) und *Nellingsheim* (525 Einwohner), wie schon erwähnt, weitgehend landwirtschaftlich geprägt. Alle drei aber haben sich ihren ländlichen Dorfcharakter bis heute erhalten. Dies zeigte sich auch im November des Jahres 2004, als sich bei einer Pflanzaktion am neu angelegten Spielplatz *Bei der Linde* über 50 private Helfer und Helferinnen beteiligten. Der hier angesprochene Baum, eine etwa 150-jährige *Sommerlinde* mit breit entwickelter Kuppel-Krone (Durchmesser 24 Meter), wurde dann kurze Zeit später fachgerecht ausgeschnitten und gesichert. Die vielen wilden Wassertriebe mussten entfernt werden, um dem Baum auch in den kommenden Jahren wieder reiches Blühen zu ermöglichen.

Auf Remmingsheimer Gemarkung muss noch ein zweiter Baum herausgehoben werden: es handelt sich hierbei um eine kaum jüngere *Winterlinde*, die unmittelbar vor dem Friedhof, in schönem Freistand direkt an der Ortsdurchfahrt steht. Verletzungen oder Astabbrüche sind nicht zu beobachten, dafür allerdings reichlich dürre Äste und ein recht starker Moosbelag, der sich an der Westseite weit den Stamm hinaufzieht und auch die bogig abgehenden Äste bedeckt.

Sommerlinde
beim neuen Spielplatz

Neustetten-Remmingsheim

139

Die Eselsteig-Linde

Lebensbaum im Friedhof

Neustetten-Nellingsheim

Wie seine beiden Nachbarorte Remmingsheim und Wolfenhausen kann auch das kleine *Nellingsheim* zwei Ausnahme-Bäume vorweisen. Da ist zunächst ein etwas 'zerzaust' wirkender Nadelbaum auf dem Friedhof am nördlichen Ortsrand. Die Zuordnung zur Gattung *Lebensbaum (Thuja)* ist aufgrund der länglichen Zapfen aus dem Vorjahr gut zu treffen. Da die Zweigunterseite deutlich heller ist als die Oberseite, kommt nur einer der beiden amerikanischen Vertreter in Frage, aber welcher? Die weißlich-graue Zeichnung auf der Unterseite deutet auf *Th. plicata* hin, den wir ja schon aus Tübingen kennen. Die gut sichtbaren Öldrüsen auf den Flächenblättern und der aromatische Duft nach Apfel sprechen dagegen eher für *Th. occidentalis*, den *Abendländischen Lebensbaum*. Wie dem auch sei, mit 3,16 Meter Umfang und 26 Meter Höhe zählt er zu den ganz Großen seiner Gattung.

Am Friedhof verläuft in westlicher Richtung ein Weg, der zum romantischen *Rommelstal* führt. Dieses steil eingeschnittene Tal im Stäble ist von ganz besonderem landschaftlichen Reiz und wird zwischen Ergenzingen und seiner Einmündung ins Neckartal bei Obernau gerne von Wanderern und Radfahrern besucht. Am Abstieg, dem *Eselsteig* treffen wir auf eine 150-jährige *Sommerlinde*. Ihre äußeren Starkäste sind breit ausladend und moosbewachsen, die drei Hauptachsen im Zentrum dagegen steil aufsteigend, was der 22 Meter-Krone zu einem recht gleichmäßigen, runden Aufbau verhilft. Leider sind zahlreiche Trockenschäden unübersehbar.

Linde am Eselsteig

Neustetten-Nellingsheim

Rund um den Rammert

Die Eckhof-Pappel

Douglasie am Rammertrand beim Eckhof

Tübingen-Weilheim

Südwestlich von Kressbach bietet das Hofgut Eck auf der Rammert-Höhe einen herrlichen Blick über das Steinlachtal. Am Waldrand zeigt sich eine unserer stärksten *Douglasien* von ihrer schönsten Seite.
Seine große Bekanntheit hat der Eckhof aber einem anderen Baum zu verdanken, der 1910 beim Hof gepflanzten und 1972 unter Schutz gestellten *Eckhof-Pappel*. Sie ist sogar für ganz Baden-Württemberg und darüber hinaus von besonderer Bedeutung, gilt sie doch als Mutterbaum vieler Generationen der im Lande angepflanzten *Schwarzpappel-Hybride*. Der Begriff 'Mutterbaum' darf hier ganz wörtlich genommen werden, denn im Gegensatz zu den weitaus meisten Hybrid-Formen ist dieser Baum weiblichen Geschlechts, was ihn vollends zu einer absoluten Ausnahme-Erscheinung werden lässt. Da das Geschlecht nach der bei Pappeln üblichen 'vegetativen' Vermehrung erhalten bleibt, können aus den Stecklingen der Eckhof-Pappel immer nur wieder weibliche Bäume aufwachsen.
Grundsätzlich werden die meisten Schwarzpappeln, denen wir begegnen, zu einer der vielen Hybrid-Formen zählen. Die 'reinen' Schwarzpappeln sind mittlerweile selten und sogar als gefährdet einzustufen, gleichzeitig aber nur schwer von ihren Abkömmlingen zu unterscheiden. Trotz ihrer im Allgemeinen höheren Anfälligkeit gegen Krankheiten werden Schwarzpappeln interessanterweise nicht von Misteln befallen! Wer also Misteln auf einer Pappel entdeckt, kann sagen: dies ist keine 'originale' Schwarzpappel.

Pappel
beim Eckhof

Tübingen-
Weilheim

Die Silberrücken

Eiche im Friedhof

In der griechischen Mythologie ist die *Silberpappel (Populus alba)* Hades, dem Gott der Unterwelt, geweiht. Nicht von ungefähr findet man sie nicht selten bei Friedhöfen angepflanzt. Andererseits ist Dionysos, der Gott des Weines und der Lebensfreude, häufig mit Pappellaub bekränzt dargestellt, so dass dieser Baum sowohl zum Leben als auch zum Tod in enger Beziehung stand. Als der Sagenheld Herakles unbeschadet aus der Unterwelt zurückkehrte, hatte er einen Kranz aus Silberpappel-Zweigen auf dem Haupt und in Olympia wurden sie deshalb später als Siegeskränze überreicht.

In unseren Raum ist die Silberpappel im Mittelalter zugewandert. Sie hat es gerne nicht ganz so feucht wie ihre übrigen Pappel-Verwandten, die überwiegend im Bereich der großen Flusstäler zusammen mit Weiden und Erlen die so genannte Weichholz-Aue bilden, und besiedelt deshalb vorwiegend die colline Stufe. In unserem Fall ist dies der Anstieg zum Rammert beim Kilchberger Friedhof, wo die beiden größten Silberpappeln der Region, Naturdenkmale seit 1939, den Eingang flankieren. Sie stammen etwa aus dem Jahr 1820, die ebenfalls geschützte und in dichtes Efeu gewandete *Stieleiche* im Friedhof ist allerdings schon gut 300 Jahre alt.

Ein solches Alter könnten die beiden 'Silberrücken' (ihre Blattunterseiten sind an den Langtrieben dicht mit filzigen, silbrig-weiß schimmernden Haaren besetzt) theoretisch auch erreichen, sofern die zehn Meter lange Blitzspur gut verheilt.

Silberpappeln im Friedhof

Tübingen-Kilchberg

Zypressen – Sein oder Schein?

Zweige der Lawson-Scheinzypresse mit Früchten

Tübingen-Bühl

Was ist das Besondere an den Zypressengewächsen? Nun, dass die verschiedenen Arten dieser überwiegend aus Nordamerika oder auch Ostasien stammenden Koniferen in den letzten Jahrzehnten so zahlreich und zunehmend in Privatgärten gepflanzt wurden, ist leicht zu erklären: sie benötigen aufgrund ihres sehr schlanken, säulenartigen Wuchses nur wenig Platz und sie sind immergrün – somit kommt ihre dekorative Erscheinung das ganze Jahr über zur Geltung. Es kommt hinzu, dass man sie nicht zu schneiden braucht, keine Früchte entsorgen und keine Blätter aufsammeln muss.

Was bei uns allerdings landläufig als 'Zypresse' bezeichnet wird, ist wohl in den seltensten Fällen eine zu den *Echten Zypressen* gehörende Art – da müssen wir zum Beispiel schon in die Toskana fahren, wo diese recht frostempfindlichen Bäume geradezu landschaftsprägend sind.

Bei den bei uns verbreiteten Arten handelt es sich dagegen meist entweder um einen *Lebensbaum* (Gattung *Thuja*) oder um eine *Scheinzypresse* (Gattung *Chamaecyparis*). Was die beiden verbindet, ist die Ausbildung von Schuppenblättern statt Nadeln; zu unterscheiden sind sie vielleicht am besten an der Form ihrer Zapfen: Die der Scheinzypressen sind immer kugelig, die der Lebensbäume eher länglich-oval.

Einige der schönsten Exemplare von *Lawson-* und *Nootka-Scheinzypresse* stehen auf dem Friedhof des Tübinger Stadtteils Bühl.

Lawson-Scheinzypresse im Friedhof

Tübingen-Bühl

Linde im Friedhof, Detail der Borke

Rottenburg-Kiebingen

Mit gotischer Fassade

Die am Neckar zwischen Rottenburg und Tübingen aufgereihten Ortschaften haben, mit Ausnahme Weilheims, mindestens *eine* herausragende Baumgestalt innerhalb ihrer Markungsgrenzen aufzuweisen. Im Falle des zu Rottenburg zählenden Stadtteils Kiebingen ist es eine etwa 140-jährige *Winterlinde (Tilia cordata)*, die innerhalb des Friedhofs die Blicke auf sich zieht.

Dem Betrachter fällt vielleicht als erstes die vor 22 Jahren stark reduzierte Krone auf, hier wurden alle unteren Äste massiv gekürzt. Die unmittelbar über den Schnittstellen steil in die Höhe wachsenden jüngeren Äste deuten zwar auf einen kräftigen Wachstumsschub hin, doch ist der zentrale Stämmling leider komplett abgestorben, zwei starke Äste ragen einige Meter teilweise entrindet heraus. Der Stamm selbst, dessen Umfang vier Meter beträgt, scheint allerdings keineswegs hohl zu sein, wie eine Klopfprobe vermuten lässt. Die weit auseinandergezogenen Leisten und Rippen, die ihn wie ein gotisches Netzgewölbe überspannen, weisen ganz im Gegenteil sogar auf ein kräftiges Dickenwachstum hin. Damit ist jedoch nicht gesagt, dass der Kiebinger Friedhofs-Linde, die seit dem 16. 4. 1985 geschützt ist, noch ein langes Baumleben beschieden sein wird. Ob sie es schafft, ihre oberen Kronenteile wenigstens teilweise mit Wasser und den notwendigen Nährstoffen zu versorgen, hängt nicht zuletzt auch von den Niederschlagsmengen der künftigen Sommer ab.

Linde im Friedhof

Rottenburg-Kiebingen

Die Drei Linden

Die älteste der Drei Linden

Rottenburg-Weiler

Östlich der kleinen Gemeinde Weiler, zu Füßen der bekannten Weiler Burg, ist ein besonderes Baumdenkmal zu bewundern: *Die Drei Linden*. Bei den inzwischen von dicht wucherndem Gestrüpp umgebenen Winterlinden handelt es sich gewissermaßen um Bäume aus drei Generationen. Das mit etwa 350 Jahren älteste Exemplar hat einen Stammumfang von gut 4,5 Meter und ist der absolut dominierende Baum der Gruppe. Seine sieben Stämmlinge, von denen sich der unterste über acht Meter parallel zur Erde ausstreckt, um dann steil nach oben zu wachsen, bilden eine außergewöhnlich vollständig erhaltene und annähernd 30 Meter Durchmesser erreichende Krone. Der im Westen vorgelagerte Talhang sowie zahlreiche weitere Bäume bieten hier einen offensichtlich sehr wirkungsvollen Windschutz.

Bei der etwa 200-jährigen nördlichen Linde – der mittleren Generation – entspricht die Kronenform durchaus dem Altbaum, wenngleich dessen Größe bei weitem nicht erreicht wird. Ein sehr großer, tief angelegter Ast wurde direkt am Stamm abgenommen und mit Wundharz behandelt.

Die mit vielleicht 130 Jahren jüngste der Gruppe steht oberhalb der anderen am Parkplatz. Ihre unteren Äste wurden wahrscheinlich wegen des Standorts sämtlich entfernt, die Krone orientiert sich so eher vertikal. Insgesamt handelt es sich hier zweifellos um eines der bedeutendsten Baumdenkmale des ganzen Landkreises.

Die Drei Linden

Rottenburg-Weiler

Rammert-Buche

Rottenburg-Dettingen

Die Rammert-Buche

Sie ist gewiss nicht ganz leicht zu finden, die alte *Rammertbuche* im Dettinger Gemeindewald: Vom Wanderparkplatz am Katzenbach geht es zunächst die Buchrain-Straße aufwärts durch einen überwiegend aus Weißtannen bestehenden Nadelwald. Auf der Höhe des *Rauhen Rammert* verläuft der Weg durch weite Windbruchflächen, auf denen zwischen aufkeimendem Jungwuchs die nackten, abgebrochenen Stämme der Fichten und Tannen noch heute an den Orkan von 1999 erinnern.

Kurz vor einer kleinen Bachklinge, noch ein gutes Stück vor der *Rammert-Hütte*, zweigt nach rechts ein kaum mehr sichtbarer Weg ab. Dieser ist stark von Binsen und Dorngestrüpp überwachsen, man hält sich im Sommerhalbjahr besser an einen parallel im Wald verlaufenden Wildwechsel-Pfad. Links erkennt man den im Tal des Esperlesbaches verlaufenden Weg zur *Habermaashütte*.

Nach 400 Meter taucht dann ein arg zugerichteter Buchenveteran auf, die gut 230-jährige und bereits seit 1937 als Naturdenkmal geschützte Rammertbuche. Zwei baumstarke Äste liegen ihr abgerissen zu Füßen, so dass die noch verbliebene Restkrone in merkwürdigem Missverhältnis zu dem mächtigen Stamm steht, dessen Umfang immerhin 3,5 Meter misst.

Einer der nächsten Stürme wird den vom umgebenden Jungwald noch kaum geschützten Altbaum vollends dahinraffen und der Rammert wird wieder eine seiner markantesten Baumgestalten verlieren.

Rammert-
Buche

Rottenburg-
Dettingen

155

Die Zottelfichte

Zottelfichte auf einer Windbruchfläche des Rammert

Ofterdingen

Etwa einen Kilometer nach dem Waldeingang – in Richtung Dettingen – taucht auf der linken Seite unweit der Straße ein hoch aufragendes Baumgerippe auf: Die seit 1985 als Naturdenkmal geschützte *Zottelfichte*. Dass dieser vollkommen abgestorbene Baum überhaupt noch steht, ist insofern erstaunlich, als seine unmittelbare Umgebung weiträumig durch Stürme umgebrochen wurde. Dass ausgerechnet dieser, sicher auch zu 'Lothar's' Zeiten schon schwerkranke Baum, neben ganz wenigen anderen, vom Orkan verschont wurde, überrascht den Betrachter nicht wenig. Schließlich sind es gerade die flachwurzelnden Fichten, die üblicherweise zu den ersten Windbruch-Opfern zählen.

Vielleicht ist aber gerade dieses 200-jährige, 40 Meter hohe und kerzengerade gewachsene Skelett besonders gut im Boden verankert.

Nadelbäume dieser Größenordnung sind bei uns außerordentlich selten, sieht man einmal von den – ja auch nicht gerade zahlreichen – Mammutbäumen ab. Die Zottelfichte ist im übrigen die einzige geschützte Fichte des Landkreises.

Nur wenige Kilometer östlich, im Dettinger Gemeindewald, liegt die auch auf jüngeren Karten noch verzeichnete *Pelagius-Tanne*, auch sie vom Sturm geworfen.

Dass die Zottelfichte noch steht, hat sie möglicherweise auch ihrem Status als Naturdenkmal zu verdanken, zumindest als Ansitzbaum für Greifvögel behält sie eine ihrer wichtigsten ökologischen Funktionen.

Zottelfichte

Ofterdingen

Die Löchle-Eiche

Eiche im Waldgebiet 'Löchle'

Im Juni 2004 wurde im nordwestlichen Gemeindewald Ofterdingens ein großer Gedenkstein gesetzt, auf dem in bronzenen Lettern an eine schon ausgangs des Mittelalters aufgelöste Siedlung namens *Meisenhart* erinnert wird.

Unweit nördlich dieses geschichtsträchtigen Waldgebiets führt der Weg am Abstieg zum Vorbach durch einen Mischwald mit zahlreichen alten Eichen, Hainbuchen und Ahornbäumen. Nach dem als 'Löchle' bezeichneten Waldgebiet ist auch die größte hier noch stehende Stiel-Eiche benannt: Die *Löchle-Eiche*.

Unter diesem Namen ist sie erstaunlicherweise selbst langjährigen, einheimischen Wald-Kennern nicht bekannt, die auf Nachfrage allenfalls eine '*Dicke Eiche*' im betreffenden Gebiet nennen können.

Mit seinen 4,37 Meter Stammumfang zählt dieser bald schon 300-jährige Eichen-Veteran zu den ältesten und stärksten Bäumen des Rammert-Waldes. Durch die Rückseite des mächtigen Stammes zieht sich eine ca. 10 Meter lange, bis zum Erdboden reichende Blitznarbe. Die erst ab etwa acht Metern Höhe sich ausbildenden Äste sind im unteren Kronenteil fast vollständig abgestorben, was für eine im Bestand aufgewachsene Eiche allerdings ganz normal ist. Aber auch in den oberen Stockwerken des Riesen ist die Belaubung schon ausgesprochen dünn.

Diverse Grabungen und Höhlungen am Stammfuß zeigen, dass die alte Löchle-Eiche unter den fast 300 verschiedenen Tierarten, die in und mit ihr leben, auch einige größere beherbergt.

Eiche
im Waldgebiet
'Löchle'

Ofterdingen

Jenseits der Sieben Täler

Die Siebentäler-Linde

Linde am Katzenbach

Das knapp 600 Einwohner zählende *Bad Niedernau* am Ausgang der *Sieben Täler* des Katzenbachs war wohl schon in römischer Zeit für seine Heilquellen bekannt. Die Blütezeit seines Kurbetriebes erlebte der kleine Ort in der ersten Hälfte des 19. Jahrhunderts, als der Arzt und Landtagsabgeordnete *Franz Xaver Raidt (1771-1849)* Niedernau zu „*einem der angenehmsten Bäder, wo nicht das angenehmste in Württemberg*" ausbaute – so jedenfalls berichtet eine Rottenburger Chronik aus dem Jahr 1828. Das 'Bad' vor dem Ortsnamen erhielt Niedernau dann allerdings erst im Jahr 1936.

Eine kulturelle Kostbarkeit bringt Niedernau derzeit in die lokalen Schlagzeilen: Seit Herbst 2004 ist die in den 1880er-Jahren erbaute, ehemalige Villa des Bankiers und Beraters König Wilhelms, *Kilian von Steiner,* samt den Nebengebäuden vom Landesdenkmalamt als Kulturdenkmal eingetragen. Der weitere Verfall der fast im Stil eines Jagdschlösschens erscheinenden Fachwerk-Architektur könnte unter diesen Voraussetzungen aufgehalten werden.

Eine botanische Kostbarkeit hat Bad Niedernau jedoch auch zu bieten: Direkt an der zentralen Achse des Ortes, dem reizvoll gestalteten Katzenbach, steht eine breit ausladende, ebenfalls aus dem Jahr 1880 stammende *Sommerlinde*, die bereits seit 1937 geschützt ist und das idyllische Ortsbild nachhaltig mitprägt.

Linde
am Katzenbach

Rottenburg-
Bad Niedernau

Mit offener Krone

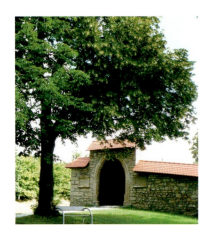

Sommerlinde am Eingang zum Friedhof

Starzach-Wachendorf

Beim Friedhof an der Bieringer Straße steht vor der schön renovierten Umfassungsmauer eine *Rosskastanie*, die mit ihren 2 Meter Stammumfang eigentlich nicht sehr auffällt. Auch ihre Nachbarin, eine nur wenig stärkere *Sommerlinde*, ist für ihren Status eines Naturdenkmals erstaunlich jung. Zusammen mit einem 4-stämmigen *Silberahorn (Acer saccharinum)* und einer dreiköpfigen *Birkengruppe* bilden diese beiden allerdings ein ausgesprochen schönes Ensemble auf dem Kapellen-Vorplatz.

Die eigentliche Attraktion aber wartet auf der anderen, der nördlichen Seite der Mauer: Dichter Austrieb und der Standort mit Kontakt zur Mauer lassen die Dimensionen des Stammes nur erahnen. Diese etwa 220-jährige *Linde* zeigt eine beeindruckende Krone, die vielfach seilverspannt und mit einigen großen Misteln besetzt ist. Ihr Astwerk ist mit zahlreichen Trockenstellen durchsetzt, so dass sie insgesamt einen sehr offenen Eindruck macht. Einige Astbruchstellen und Schnittflächen wurden mit Baumharz behandelt.

Ob es sich hier um eine Winterlinde handelt, wie es die geringe Größe der Blätter zunächst nahe legt, ist durchaus nicht sicher. Aus den beiden heimischen Arten Sommerlinde und Winterlinde ist durch Kreuzung ein Bastard entstanden, der als *Holländische Linde*, oder auch *Zwischenlinde* bekannt wurde, und zahlreiche weitere, schwer unterscheidbare Unterarten folgten. Die für Winterlinden typischen rotbraunen Achselbärtchen fehlen unserer Linde jedenfalls.

Linde am Friedhof

Starzach-Wachendorf

165

Im Schlosspark Wachendorf

Edel-Kastanie im Schlosspark

Am Platz einer mittelalterlichen Burg ist Mitte des 16. Jahrhunderts in Wachendorf eine Schlossanlage entstanden, die heute im Besitz der Barone von Ow steht. Mit viel Liebe zum Detail wird auf die Erhaltung der Bausubstanz geachtet und so gehören der Fachwerkgiebel von 1555, die Sonnenuhr an der großen Scheune und die vielen Wandmalereien auch heute zu den architektonischen Kostbarkeiten.

Kostbarkeiten botanischer Art hat der angrenzende Schlosspark zu bieten, der von zahlreichen, ca. 150-jährigen Eichen, Linden und Eschen eingerahmt wird.

Im Bereich der Pferde-Stallungen findet sich eine der bei uns gar nicht so häufigen *Silberlinden (Tilia tomentosa)*, noch dazu ein Exemplar, das mit 5,3 Meter Umfang alle anderen 'Artgenossen' unserer Region bei weitem übertrifft. Ihr Stamm ist nahezu vollkommen mit Efeu überwachsen.

Vielleicht noch bemerkenswerter sind zwei *Edelkastanien (Castanea sativa)*, die ja aufgrund ihrer Frostempfindlichkeit bei uns sehr selten sind. Die größere der beiden liegt mit ihrem 4,45 Meter-Stamm ebenfalls auf Platz 1 der artbezogenen Rangfolge. Durch die vielen abgebrochenen Äste ist jedoch von der typischen Rundkrone der Esskastanien nicht mehr allzuviel geblieben.

Die dritte herausragende Baumgestalt im Park ist ein *Mammutbaum (Sequoia gigantea)*, der die gleichmäßig-kegelige Form seines jüngeren Nachbarn bereits aufgegeben hat. 5,6 Meter Stammumfang bedeuten auch für ihn Platz 1 im Kreis Tübingen.

Silberlinde im Schlosspark

Starzach-Wachendorf

Die Neuhaus-Eiche

Stammhöhlung der Neuhaus-Eiche

Wer vom Starzacher Teilort Wachendorf nach Bad Imnau unterwegs ist, sollte etwa einen Kilometer nach der Abzweigung Richtung Haigerloch nach links ins Sträßchen zum Hofgut Neuhaus einbiegen. Schon nach wenigen hundert Metern steht direkt am Weg ein beeindruckender *Eichenveteran*, den sicher die meisten der vielen hier vorbeikommenden Radfahrer gar nicht wahrnehmen.

Es handelt sich um den stärksten Baum im Tübinger Landkreis – und wahrscheinlich weit darüber hinaus. Sein teilweise hohler und offener Stamm misst im Umfang sage und schreibe 7,20 Meter!

Zahlreiche Astabbrüche und Blitzeinschläge haben diesem vielleicht schon 500-jährigen Methusalem arg zugesetzt. Ein riesiger Astabbruch hat wohl zu der gewaltigen Wunde geführt, aus der sich im Laufe der Zeit durch Fäulnis eine 1,2 Meter breite und 4 Meter hohe Höhlung entwickelt hat.

Das Sterben dauert bei solchen Riesen allerdings lange, noch immer treibt die Krone zum größten Teil aus. Die Wandstärke des Stammes scheint also noch ausreichend zu sein, um sie mit Wasser und Nährstoffen zu versorgen. Der innere Teil, das Splintholz, dient als Statikelement, und da dies im Stammbereich doch weitgehend fehlt, dürfte wohl ein starker Sturm diesem angeschlagenen Koloss sein Ende bereiten – die Frage ist nur wann!?

Um die Fäulnis zu stoppen, müsste der Stamm komplett ausgeräumt werden – eine Maßnahme, die auch aufgrund des fehlenden ND-Status wohl ausbleiben wird.

Eiche
beim Hofgut
Neuhaus

Starzach-
Wachendorf

169

Die Zwei Linden

Zwei Linden am Eichenberg

Im Gebiet des heutigen *Hirrlingen* wurden Spuren einer Besiedlung bereits aus der Jungsteinzeit (etwa 4000 Jahre v. Chr.) sowie aus der Hallstattzeit (8. bis 5. Jh. v. Chr.) gefunden. Auch aus römischer Zeit sind Siedlungsreste bekannt, eine ehemalige Römerstraße von Rottweil führte durch die heutige Gemarkung bis nach Rottenburg. Für die Entwicklung des von den Alemannen gegründeten und 1091 erstmals urkundlich erwähnten Hirrlingens war das Adelsgeschlecht der Familie von Ow von entscheidender Bedeutung. Über nahezu fünf Jahrhunderte, von 1258 bis zum Aussterben der männlichen Linie 1709, prägte sie das Ortsbild. Georg von Ow legte 1557 den Grundstein zum heutigen Schloss, dem bedeutendsten Bauwerk der Gemeinde.

Das heute etwa 3000 Einwohner zählende Hirrlingen hat sich auch nach der Gemeindereform als selbständige Gemeinde erhalten und ist bis heute ein Schwerpunkt des Handwerks geblieben.

Auf den weiten, landwirtschaftlich genutzten Flächen nördlich des Ortes sind schon aus großer Entfernung einige große Baumkronen zu erkennen. Nordöstlich des *Eichenbergs* sind es fünf *Sommerlinden*, die zusammen mit zwei *Kiefern* in einer großen dolinenartigen Senke stehen. Auf der südwestlichen Seite zwei etwa 100-jährige *Winterlinden*, die zwischen sich ein hölzernes Kruzifix mit ihrer gemeinsamen, kuppelförmigen 24-Meter-Krone beschirmen.

Die Zwei Linden
am Eichenberg

Hirrlingen

Auf dem Maienbühl

Reute-Linde in Hirrlingen

Südlich von *Hirrlingen*, am Rande eines Neubau-Gebiets im Gewann *Reute,* bietet eine vielleicht 100-jährige, völlig frei auf einer Anhöhe über dem Ort stehende *Winterlinde* den Schafen ein wenig Schutz vor der Sommersonne. Im Schatten der Linde wurde auch ein großer Gedenkstein errichtet, der mit einer Bronze-Tafel an den *Leon-Seilaz-Ring* erinnert.

Wer war dieser Leon Seilaz? Er war der Gründungspräsident einer internationalen Vereinigung von zahlreichen Friseurbetrieben, die im Jahre 1926 unter dem Namen *Intercoiffure* in Paris entstand. Heute ist diese Vereinigung mit über 2000 Mitgliedern weltweit die größte ihrer Branche.

Was aber hat dieser Friseurverband mit Hirrlingen zu tun? Die Verbindung entsteht durch den Friseurmeister Karl Baur, der 1930 den Sportverein Hirrlingen e.V. gründete und die ersten Trikots von Leon Seilaz gestiftet bekam.

Verlassen wir nun Hirrlingen und seine 'haarige' Geschichte in südlicher Richtung, so überschreiten wir schnell die Landkreisgrenze und entdecken auf westlicher Seite der Straße nach *Rangendingen* den wunderschönen Aussichtshügel *Maienbühl*. Der kleine Spaziergang zum Hügel lohnt nicht nur wegen des herrlichen Blicks Richtung Haigerloch und weiter bis zum Schwarzwald, sondern auch wegen der zwar noch sehr jungen, aber dennoch sehenswerten Linde, die hier mit ihrer flachen Pilz-Krone auf sich aufmerksam macht. Einen schöneren Platz für einen Baum kann man sich schwer vorstellen.

Hirrlingen/Rangendingen

Linde
auf dem Maienbühl

Rangendingen

Die Kreuzweg-Linden

Linden am Kreuzweg

Auf dem Weg von Hirrlingen nach *Rangendingen* mag uns noch ein Blick über die Kreisgrenze Tübingens hinaus gestattet sein, ein Halt bei der kleinen *Kapelle* direkt an der Straße ist für jeden Baumfreund ein absolutes Muss!

Die weiße Kapelle wird von zwei *Winterlinden* eingerahmt, die ihr einen besonderen optischen Reiz verleihen. Man könnte sagen, sie verhelfen ihr zu einem geradezu malerischen Motiv zu werden.

Die südliche Linde ist mit vielleicht 180 Jahren die ältere. Sie hat eine sehr breite, weit ausladende und dennoch auch hoch aufragende Krone entwickelt, die mit Seilen abgesichert wurde. Ihr Zustand ist, von einigen abgebrochenen und dürren Äste abgesehen, ausgesprochen gut, der Stamm klingt vollholzig. Eine schlichte Sitzbank lädt die Vorüberkommenden zum Verweilen ein.

Die nördlich der Kapelle stehende Linde ist deutlich kleiner, hat einige ihrer Stämmlinge verloren und wirkt so in der Krone offener. Auch die bogenförmig nach außen abgehenden Stammäste wurden teilweise gekappt, zwei verschraubte Seilverspannungen geben ihr noch Halt.

Auf den der Straße gegenüber liegenden Hügel zieht sich ein mit 14 Kruzifixen bestandener *Kreuzweg*, der von *Sommer- und Winterlinden* begleitet wird. Alle 25 Bäume tragen das ND-Zeichen, liegen im Alter aber wohl erst bei ca. 60 bis 70 Jahren. Dieser grüne Hügel gehört sicher zu den schönsten und friedvollsten Plätzen unserer Region überhaupt.

Kapellen-Linde am Kreuzweg

Rangendingen

Im Steinlachtal und auf den Härten

Pat und Patachon

'Schmale' Linde am Eichwald

Bodelshausen

Am nordöstlichen Ortsende von Bodelshausen erklimmt die Mössinger Straße eine kleine Anhöhe mit schönem Blick über die knapp 6000 Einwohner zählende Gemeinde am Südrand des Landkreises. Die typisch gelb gesprenkelten Kronen zweier *Winterlinden* (die schmalen Tragblätter der Blüten und Früchte sind ein gutes Erkennungsmerkmal auf große Distanzen) bilden hier wieder einmal die Kulisse für einen bemerkenswerten Baumplatz. Ehemals waren es wohl drei Bäume, denn in den Blättern der Naturschutzbehörde ist von einer dritten Linde (der größten der drei) die Rede, die noch 1981 als *"besonders schön und regelmäßig gewachsen"* bezeichnet wurde. Allerdings hatte sie schon damals eine große Faulstelle am Stamm. So schnell kann es gehen!

Die beiden heute noch *Im Eichwald* stehenden sind etwa 200 Jahre alt und besitzen eine völlig unterschiedliche Kronenarchitektur: Die untere rundlich und 20 Meter ausladend, die obere schmal und hoch gebaut – ein sehr unterschiedliches Paar. Die Rundliche schickt bei 4 Meter Höhe speichenförmig etwa ein Dutzend Stämmlinge nach außen, auf der Südseite ist die Bruchstelle eines großen Astes verwachsen. Bei der Schmalen lässt sich dagegen der Zentralstamm bis hoch hinauf verfolgen, die auswachsenden Stammäste sind fast etagenartig angeordnet.

Leider sind bei beiden zahlreiche dürre Äste zu erkennen. Da sie teilweise noch sehr fein verästelt sind, liegt ihr Verdorren wohl erst wenige Jahre zurück.

'Runde' Linde
am Eichwald

Bodelshausen

Die Klafert-Linde

Klafert-Linde

Wer nach einem erbaulichen Besuch der beiden Eichwald-Linden ('*Pat und Patachon*'), seinen Heimweg nach *Bodelshausen* antritt, macht einen schweren Fehler, denn schon rund 200 Meter weiter ortsauswärts bringt ihn die zum Lindenhof führende Mössinger Straße zu einer weiteren, noch weit 'korpulenteren' Baumgestalt, zur *Klafert-Linde*. Erst bei ihr ist die Anhöhe Richtung Mössingen ganz erklommen und sie bietet hier neben dem Anblick des mächtigen Baumes einen wunderbaren Fernblick zur Hohenzollern-Burg.

Nach wem dieser etwa 250-jährige Baum – und auch der unweit am Waldrand gelegene *Klafert-Brunnen* – benannt ist, entzieht sich meiner Kenntnis. Auf jeden Fall scheint die Winterlinde mit ihrer umlaufenden Sitzbank ein beliebter Treffpunkt zu sein, wie die zahlreich herumliegenden Bierflaschen und Zigarettenschachteln vermuten lassen. Eine sehr große, offene Astbruchstelle wurde mit einem Metallgitter überdeckt, damit der Baum selbst nicht auch noch mit seiner Stammhöhlung als Mülleimer missbraucht wird. Wie die Öffnung zeigt, die im übrigen auch deutliche Brandspuren aufweist, wurde früher versucht, diese Höhlung mit einer Betonplombe zu verschließen. Dieses seit Jahrzehnten nicht mehr gebräuchliche Verfahren hat die Zersetzung noch voran getrieben: Der Stamm ist stark vermodert und klingt überall hohl. Dass die Bast-Hülle noch stark genug ist, eine so große und 24 Meter hohe, steil aufragende Krone zu tragen, ist schlicht bewundernswert!

Klafert-Linde

Bodelshausen

Die Stäudach-Gasse

Eiche und Kiefer an der Stäudach-Gasse

An einem weit nach Osten vorspringenden Waldeck des Rammert, gut einen Kilometer südöstlich von *Dusslingen*, findet der Wanderer einen unerwartet reizvollen Rastplatz. Die vom Ort geradewegs hierher führende *Stäudach-Gasse* endet am Waldrand (Gewann *Lehmgrube*) an einem schön eingefassten Brunnen, der selbst in Trockenzeiten noch etwas Erfrischung und Kühlung spendet.

Der massige Stamm einer etwa 220-jährigen *Stieleiche*, der völlig ohne Wurzelanläufe in der Erde verschwindet, fällt dem Ankommenden vielleicht zuerst ins Auge. Die ab etwa sechs Meter Höhe abgehenden Äste sind zum großen Teil an den Spitzen dürr, doch ist die dadurch recht lichte Krone von großen Abbrüchen bisher verschont geblieben.

Nur drei Meter unterhalb versucht eine nicht viel jüngere *Waldkiefer (Pinus sylvestris)*, die Aufmerksamkeit der Vorbeikommenden mit besonders urwüchsig ausgebildeten Wurzelanläufen auf sich zu lenken. Dieses ungleiche Paar dominiert zwar den schönen Platz, doch sollte man zumindest eine zweite Waldkiefer nicht übersehen, die unmittelbar beim Brunnen mit ihren V-förmig auseinander strebenden Stämmen und ihrem knorrig-wulstig verwachsenen Stammfuß eine großartige Figur macht. Mit 33 Metern Höhe und 2,84 Metern Stammumfang übertrifft sie ihre Schwester noch deutlich.

Zwei junge *Linden*, zwei *Mammutbäume*, eine alte *Kirsche*, ein *Spitzahorn* sowie einige *Amerikanische Roteichen* erweitern das Stäudacher Spektrum.

Eiche und Kiefer an der Stäudach-Gasse

Dusslingen

Zwei Wächter über dem Steinlachtal

Lehle-Eiche

Im östlichen Dusslinger Ortsbereich hat sich über dem Steinlachtal trotz fortschreitender Bebauung ein kleines Waldstück erhalten, das im Gewann *Lehle* gelegen ist und heute als Naherholungsgebiet dient. An seinem talseitigen Rand steht seit etwa 280 Jahren eine gewaltige *Stieleiche*, deren reich verzweigte Krone im unteren Teil einen Halbmesser von 14 Meter erreicht. Eine große Verletzung am fünf Meter Umfang messenden Stamm wurde vor langen Jahren behandelt und ist fast wieder geschlossen. Durch das Neubaugebiet, das die *Lehle-Eiche* bereits erreicht hat, wird dem östlichen Wächter über dem Steinlachtal zunehmend der Blick verstellt, doch bleibt zu hoffen, dass die Dürre einiger Äste wie bei so vielen anderen Alt-Eichen eine Folge des trockenen Sommers 2003 ist und uns der riesige Baum noch viele Jahre erhalten bleibt.

Auf der westlichen Talseite zieht sich die Bebauung *Im Brühl* ebenfalls immer weiter den Hang hinauf, die Einwohnerzahl der Gemeinde hat sich nicht zuletzt aufgrund der verkehrsgünstigen Lage in jüngerer Zeit jährlich um etwa 100 auf heute knapp 5400 erhöht. Auch auf dieser Seite finden wir an der Talkante eine mächtige Eiche von ca. 250 Jahren. Zu ihren Füßen steht eine Sitzbank und davor am Hang liegt eine kleine terrassenähnliche Verebnungsfläche, die von einem verrosteten Geländer umgeben ist. Noch hat man von hier aus einen herrlichen Blick über Dusslingen und hinüber zur Alb. Einige Blitze haben ihre Spuren hinterlassen – aber das gehört sich wohl so für eine alte Eiche.

Eiche im Bühl

Dusslingen

185

Am Eichenbuckel

Esche am Eichenbuckel

Auf der langgestreckten Parkfläche am Martin-Vollmer-Weg in *Dusslingen* sind noch immer eine ganze Anzahl bemerkenswerter Bäume versammelt, obwohl in den vergangenen Jahren einige *Linden* und zuletzt Anfang März 2004 auch eine dicke, etwa 140-jährige *Esche* gefällt wurden. Da die Gefahr bestand, dass bei einem Sturm die bedrohlich schräg stehenden Äste abbrechen und ein angrenzendes Haus beschädigen könnte, hatte sich die Gemeindeverwaltung zur Fällung entschieden. Eine weitere, ähnlich starke Esche steht in ausreichend großem Abstand zu den Gebäuden, so dass sie möglicherweise noch ein paar Jahrzehnte drauflegen kann.

Der dominierende 'Platzhirsch' ist jedoch eine außergewöhnlich prächtig entwickelte *Stieleiche*, nach ihr ist die von der Bebauung ausgenommene Anhöhe östlich der Gemeinde möglicherweise auch benannt. Ihre kuppelförmige, gut 25 Meter durchmessende Krone wird aus etwa einem Dutzend nach allen Seiten ausgreifenden Hauptästen aufgebaut. Einige Astspitzen sind zwar dürr, doch weist der herrliche Solitärbaum bisher kaum Sturmschäden auf.

Zusammen mit der Eiche wurde die am südlichen Ende der Grünfläche stehende *Linde* unter Schutz gestellt und auch ihre hoch aufragende, seilgesicherte Krone ist bisher ziemlich unversehrt geblieben. Allerdings dürfte sich ihr Alter, das wie bei der Eiche mit 280 Jahren angegeben wird, erst bei vielleicht der Hälfte dieses Werts bewegen.

Eiche
am Eichenbuckel

Dusslingen

Friedenslinde in der 'Trinkwies'

Gomaringen-Stockach

Die Trinkwies-Linde

Zu keiner Zeit wurden vermutlich mehr Friedensbäume gepflanzt als in den Jahren 1870/71, als man sich im Krieg gegen Frankreich nach Frieden sehnte. Dass die Wahl hierbei meist auf eine Linde fiel, hat seinen Ursprung in der Vorstellung der alten Germanen, die Linde sei der Wohnort der Göttin *Freya*, die nach ihrer Mythologie für Schönheit, Liebe und Fruchtbarkeit, aber auch für Frieden und Gerechtigkeit sorgte. In der Folge wurden auch während des Mittelalters immer wieder Linden zu Friedens- und Gerichtsbäumen auserkoren.

Westlich des Gomaringer Ortsteils *Stockach* stand bis Anfang der 90er Jahre des vergangenen Jahrhunderts ein Lindenpaar. Den Standort der Sommerlinde kann heute nur noch ein geübtes Auge ausmachen. Die noch verbliebene *Winterlinde* gehört jedoch zum spektakulärsten, was unsere hiesige Baumwelt zu bieten hat: Ihr massiger Stamm und die nach Art der alten Tanzlinden waagerecht ausgestreckten unteren Äste lassen auf einen viel älteren Baum schließen. Dass auch der Titelbaum dieses Buches aus dem Jahr 1871 stammt, kann nur mit extrem guten Wachstumsbedingungen zusammenhängen, wobei dem zur Verfügung stehenden Bodenwasser eine zentrale Bedeutung zukommt. Schon die Gewann-Bezeichnung *Trinkwies* lässt auf gut durchfeuchtetes Erdreich schließen und tatsächlich ist in unmittelbarer Nähe ein abgedeckter Brunnenschacht vorhanden, aus dem während des Sommers aus wenigen Metern Tiefe reichlich Wasser geschöpft werden kann.

Friedenslinde in der 'Trinkwies'

Gomaringen-Stockach

Der Wankheimer Weltenbaum

Mythologische Darstellung des Weltenbaums 'Yggdrasil'

Kusterdingen-Wankheim

In alten Überlieferungen vieler Völker findet sich ein Baum des Lebens, der die Teile der damals vorstellbaren Welt miteinander verband: Seine Wurzeln reichten bis tief in die Unterwelt, Stamm und Krone gaben den ungezählten Lebewesen Wohnstatt und Nahrung, und seine höchsten Äste berührten den Himmel. In der nordischen Mythologie erschufen die Götter den Menschen aus zwei Bäumen. Aus Embla, der *Ulme*, entstand die Frau und Ask, die *Esche* wurde zum Mann. Und hier erhob sich als alle neun Welten durchdringende kosmische Achse die berühmte Weltenesche Yggdrasil.

Die *Gemeine Esche (Fraxinus excelsior)*, bei uns einziger Baum aus der Familie der Ölbaumgewächse, gehört in Europa zu den größten Laubgehölzen überhaupt, mehr als 40 Meter hoch kann sich die meist locker verzweigte Krone entwickeln. Der Artname leitet sich vom lateinischen *excellere* ab, was so viel wie *herausragen* bedeutet. Beim Lebensalter kann sie mit Eichen oder Ulmen allerdings nicht mithalten, die älteste Esche Deutschlands bei Saig im Hochschwarzwald erreicht vielleicht 300 Jahre.

Auf gut die Hälfte bringen es die ältesten Exemplare unseres Raumes, allen voran der von armdicken Efeu-Strängen umrankte Riese in der Härten-Gemeinde *Wankheim*. Völlig frei auf einem Spielplatz stehend, kommt seine mächtige Statur in beeindruckender Weise zur Geltung, sein Stamm übertrifft im Umfang immerhin knapp die 4-Meter-Marke.

Esche
auf dem Spielplatz
Heerstraße

Kusterdingen-
Wankheim

An der Blaulache

Westliche Banholz-Linde an der Blaulache

Kusterdingen

Vom Tübinger Tierheim bis zum *Hengstrain* kurz vor *Kirchentellinsfurt* zieht sich am südlichen Neckartalrand ein Entwässerungsgraben parallel zum Waldrand – die *Ramslache*, später *Blaulache*. Die hier anzutreffenden seltenen Pflanzen- und Tierarten des Feuchtbiotops führten zur Ausweisung als Naturschutzgebiet.

Einige bemerkenswerte Bäume, die gänzlich unbekannt sind, sollten hier einmal Erwähnung finden: Wer auf dem Talrandweg vom Parkplatz bei der Eisenbahnbrücke Kirchentellinsfurt in Richtung Tübingen geht, trifft bald auf insgesamt vier große *Linden* am *Banholz*. Die westliche der drei am Weg ist mit einer Kronenhöhe von 33 Metern die deutlich größte und auch am besten erhaltene, aber auch sie zeigt schon trockene Äste. Ein gutes Stück weiter, in der Nähe des Umspannwerkes, hat sich eine riesige *Rotbuche* mit weit ausgebreiteten Wurzelanläufen im Steilhang verankert und eine vielleicht schon 300-jährige *Stieleiche* am Weg dürfte wahrscheinlich der älteste Baum des Talabschnitts sein.

Im Prinzip zeigen alle großen Bäume des Talrandbereiches trotz des verhältnismäßig feuchten Standorts starke Trockenheits-Schäden. Der Sommer 2003 zeigt hier ein Jahr später bei *Eschen*, *Eichen*, *Robinien*, *Hainbuchen*, *Ahornen* oder etwas weiter hangaufwärts auch bei den *Rotbuchen* dramatisch Wirkung!

Bei der an der Blaulache stehenden mächtigen *Graupappel (Populus canescens)* – Stammumfang 4,60 Meter – sind die Dürreschäden vollends unübersehbar.

Graupappel
an der Blaulache

Kusterdingen

Die Friedhofs-Linde

Linde beim Friedhof

Unverständlicherweise findet sich auf keiner Landkarte unseres Raumes ein Baumsymbol im Bereich des südlichen Ortrandes von *Mähringen*. Und doch beherbergt die kleine Härten-Gemeinde einen besonders eindrucksvollen Baumschatz: Keine 100 Meter westlich des Eingangs zum Friedhof breitet eine etwa 270-jährige *Winterlinde* ihre noch recht vollständig erhaltene Krone aus.

Diese wird von vier baumstarken Stämmlingen gebildet, in die sich der durch dicke Maserknollen wulstig erscheinende Stamm schon nach zwei Metern aufteilt und die sich dann wiederum frühzeitig verzweigen. Einige Seilverspannungen, wie sie bei vielen alten Bäumen anzutreffen sind, vermindern bei Sturm zu starke Schwankungen der Äste und reduzieren somit die Bruchgefahr. An ihrem Standort in der Blumenstraße liegen Teile des Kronenbereichs über der nahe vorbei führenden, asphaltierten Straße, so dass im Wurzelbereich erheblich weniger Regenwasser versickern kann. Dies ist auf lange Sicht gesehen für viele Bäume problematisch, sofern im Untergrund kein ausreichend großes Angebot an Haftwasser zur Verfügung steht.

Trotz einiger trockener Äste macht die *Mähringer Friedhofslinde* einen erstaunlich vitalen Eindruck. Unter normalen Umständen, das heißt vor allem bei Ausbleiben von ganz extremen Trockenperioden, sollte sie uns noch viele Jahrzehnte erhalten bleiben.

Linde
beim Friedhof

Kusterdingen-
Mähringen

Über den Schammberg

Westliche der beiden Pyramidenpappeln beim Hunde-Dressurplatz

Reutlingen-Ohmenhausen

Parallel zur Hauptachse des Reutlinger Stadtbezirks *Ohmenhausen* erstreckt sich zwischen dem neuen Wirtschaftsgebiet Reutlingen-West und dem südlichen Ortsende der Nachbargemeinde *Mähringen* der *Schammberg*. Dieser lang gezogene Hügel besteht geologisch gesehen aus zwei Ton- und Mergel-Schichten des höheren Schwarzen Juras, den typischen Gesteinen des flacheren Albvorlandes. Hier ist der Obstbau zu Hause und so wird der Schammberg auch überwiegend als Standort für Apfel-, Kirsch-, Pflaumen- und Birnbäume genutzt. Auch zahlreiche Walnussbäume sind im Bereich der vielen Wochenendgrundstücke zu finden.

Am westlichen Ende des Hügelzugs, auf Mähringer Gemarkung, ragen 35 Meter hoch und weithin sichtbar zwei *Pyramidenpappeln* *(Populus nigra var. italica)* auf, die man ähnlich der Eckhof-Pappel schon als 'Landmarken' bezeichnen könnte.

Dendrologischer Höhepunkt des Schammbergs freilich ist die große *Luther-Linde* auf Ohmenhäuser Seite. Dieser wunderschöne Baum an der Mähringer Straße wurde wahrscheinlich 1883 anlässlich des 400. Geburtstags von Martin Luther gepflanzt. Seine über 20 Meter durchmessende Krone ist bisher von allen Stürmen fast völlig verschont geblieben und ein wahrer Augenschmaus.

Luther-Linde
auf dem Schammberg

Reutlingen-
Ohmenhausen

Beim Schützenhaus

Traubeneiche beim Schützenhaus

Gomaringen hat innerhalb seiner Markungsgrenzen gleich ein halbes Dutzend großartiger Bäume bzw. Baumgruppen zu bieten, die als Naturdenkmale ausgewiesen sind. Die etwa aus dem Jahr 1750 stammende *Winterlinde*, die im *Hartwasen* dicht beim Schützenhaus steht, ist sicher älter als jeder andere Baum der Gemeinde.

Auf der Südost-Seite sind etwa zehn größere Äste bereits vor langer Zeit abgebrochen bzw. abgenommen worden, als vor ca. 100 Jahren das Schützenhaus gebaut wurde. Hangabwärts ist ein besonders starker, sich gabelnder Stämmling verblieben, der dem Baum seine charakteristische Gestalt verleiht. Der Stamm selbst ist teilweise hohl, eine spindelförmige Öffnung von 19 x 130 cm wurde mit Eisenstäben und einem Metallgitter versehen, sie könnte sich vielleicht im Laufe der Zeit wieder ganz schließen. Die seilverspannte Krone erscheint durch die zahlreichen dürren Äste mittlerweile nicht mehr als geschlossene Einheit, sondern ausgesprochen 'durchsichtig'.

Ein zweiter Baum, eine etwa 200-jährige *Traubeneiche (Quercus petraea)*, ist zusammen mit der Linde seit 1955 geschützt und verdient hier schon aufgrund ihrer Artzugehörigkeit eine Erwähnung. Die weitaus meisten alten Eichen zählen bei uns zur Art *Qu. robur (Stieleiche)*. Ihre acht in fast gleicher Höhe abzweigenden Stämmlinge, die sich nach allen Seiten ausbreiten, geben dem freistehenden Baum ein unverwechselbares Aussehen. Die weit ausladende Krone ist allerdings ebenfalls mit vielen dürren Ästen durchsetzt.

Linde beim Schützenhaus

Gomaringen

Redwood-Forest

Borke des Mammutbaums

... wäre als Bezeichnung für die *Mammutbäume* bei der Grillhütte im Wald zwischen Gomaringen und Öschingen sicher bei weitem übertrieben, schließlich handelt es sich lediglich um fünf Bäume. Außerdem wäre der Begriff *Redwood* auch botanisch falsch, denn hiermit wird in Amerika der *Küsten-Mammutbaum (Sequoia sempervirens)* bezeichnet, eine Art, die in einem schmalen Küstenstreifen von Kalifornien bis zum südlichen Oregon beheimatet ist und dort bis zu 120 Meter hoch werden kann. Sie wurde zwar auch in Europa gepflanzt, gedeiht dort aber nur in wintermilden, frostfreien Gebieten, wenige Exemplare in botanischen Gärten ausgenommen. Der Name rührt von der rötlichen Färbung des Kernholzes her, das gerne in der Möbelindustrie verwendet wird, zum Beispiel als Tischplatte aus einem ganzen Stammquerschnitt.

Die im südlichsten Zipfel der Gomaringer Gemarkung stehenden, rund 120 Jahre alten Mammutbäume zählen wie fast alle anderen bei uns vorkommenden Exemplare zur Art *Sequoia gigantea*, die in der Sierra Nevada mit 90 bis 100 Meter zwar nicht ganz so hoch wird wie die Küsten-Sequoie, dafür aber umso dicker. Ihre Nadelblätter sind ähnlich den Scheinzypressen und Lebensbäumen eher schuppenförmig und unterscheiden sich damit deutlich von den nadelartigen Blättern der Küsten-Sequoie.

Das Gomaringer Mini-Wäldchen am *Imenbühl* vermittelt immerhin eine schwache Ahnung von der Großartigkeit der amerikanischen Urbäume.

Mammutbäume beim Imenbühl

Gomaringen

201

Am Trauf der Alb

Mein Freund, der Baum...

Alte Linde an der Steiggasse

... ist tot. Ob sie nun im Jahre 1730 oder von Heimkehrern aus dem 30-jährigen Krieg bereits 1648 gepflanzt wurde, ist heute nicht mehr wichtig. Das Jahr 2004 wird jedenfalls als das Sterbejahr der *Belsener Linde* in die regionale Baumgeschichte Eingang finden.

An seinem schönen Platz außerhalb des Ortes, am Sträßle Richtung Beuren, konnte der ausdrucksstarke Baumveteran seine markante Gestalt über lange Jahrzehnte in angemessener Weise zur Geltung bringen. Er wurde zum Wahrzeichen der Gemeinde und ist vielen der Bewohner richtig ans Herz gewachsen. *„Mit der Linde stirbt ein Stück Belsen"*, äußerte sich betrübt ein Mitglied des Mössinger Bau- und Umweltausschusses, der im Frühjahr zu entscheiden hatte, was nun weiter geschehen solle. Die Verbundenheit mit einem Baum kann kaum besser zum Ausdruck gebracht werden.

Da auch ein abgestorbener Baum über lange Zeit noch reichlich Wohnraum bietet für allerlei tierische Bewohner, von den Insekten über die Vögel bis hin zu Fledermäusen und anderen Kleinsäugern, entschied man sich, nur das Nötigste aus der brüchigen Krone heraus zu schneiden. So werden sicher einige der charakteristischen, geschwulstartigen Astverdickungen, durch die sich der Baum von allen anderen Alt-Linden unterscheidet, noch eine Weile erhalten bleiben. Bleibt die Frage, welche von den umstehenden jungen Linden die Nachfolge antritt; welche von ihnen kann noch 100, 200, 300 Jahre alt werden?

Alte Linde an der Steiggasse

Mössingen-Belsen

205

Auf der Olgahöhe

Waldkiefer auf der Olgahöhe

Wer Talheim – von Mössingen aus – nicht über die Hauptstraße, sondern sozusagen 'hinten rum', also über die Rückseite des dem Albtrauf vorgelagerten *Farrenbergs* erreichen will, dessen Weg führt direkt unterhalb der *Olgahöhe* entlang, einer aussichtsreichen Freizeitanlage über der Stadt Mössingen.

Ein Aufenthalt lohnt sich nicht nur wegen des schön angelegten Kinderspielplatzes, sondern eben auch in botanischer Hinsicht. Unterhalb des Spielplatzes stehen am Hang einige großartig verzweigte *Waldkiefern* (S. 207), deren meist unbeschädigte Kronen an diesem windexponierten Standort doch etwas überraschen.

An der Straße zum Parkplatz am Waldeingang fallen weitere Besonderheiten auf: Zunächst einige recht große *Robinien* und dann eine *Birken-Riesin*, die aufgrund des dichten Gestrüpps nur von der Rückseite, hangabwärts erreichbar ist. Auch dort erschweren zahlreiche Brombeer-Ranken eine Messung des Stammes. Das Maßband zeigt uns dann stolze 2,73 Meter! Das bedeutet für diese Baumart Platz 1 in unserer Baumregion.

Am Rande der ausgedehnten *Kirschbaumwiesen*, etwas unterhalb der Birke, sollte man einigen schönen *Robinien* und ganz besonders einer durch Sturm stark geschädigten *Waldkiefer* Beachtung schenken (links). Ihr Stamm, der sich sehr früh in drei etwa gleich starke Stämmlinge aufteilt, hat einen Umfang von beachtlichen 3,85 Meter. Damit haben wir – diesmal bei den Kiefern – schon wieder eine Rekordhalterin vor uns.

Waldkiefern auf der Olgahöhe

Mössingen

Stärkste der Drei Linden beim Lindenhof

Beim Lindenhof

Inmitten einer Streuobstlandschaft, am Rande einer Verebnungsfläche und zu Füßen des *Farrenbergs* wird der Hang von drei mächtigen *Sommerlinden (Tilia platyphyllos)* überragt. Schon am Verbindungssträßchen zum Ortsteil *Ziegelhütte*, nahe des Lindenhofs, sind ihre Kronen kaum zu übersehen. Gemeinsam überdecken sie eine Fläche von etwa 30 x 45 Meter! Ihr enormer Wasserbedarf und ihr trotz etlicher abgestorbener Äste noch immer dichtes Blätterdach lassen offensichtlich im Kronenbereich kaum grünen Unterwuchs zu. Dass diese prächtigen Schattenspender auch gerne von Schafen aufgesucht werden, ist an deren Hinterlassenschaften unschwer erkennbar. Auch dies mag ein Grund sein für den auffällig braunen, vegetationsarmen Erdboden in der ansonsten kräftig grünen Wiesenlandschaft der Umgebung.

Die auf der Borke weit auseinander gezogenen Rippen und Furchen lassen auf ein rasantes Wachstum schließen, das Alter dieser wunderschönen und unter Naturschutz stehenden Lindengruppe dürfte bei etwa 115 Jahren liegen.

Zum Weg hin stehen einige *Vogelbeeren (Sorbus aucuparia),* auch als *Ebereschen* bekannt, sowie weitere fünf *Linden* (davon vier Winterlinden), die aber sicher noch ein Menschenalter benötigen, um die beeindruckenden Ausmaße ihrer drei großen Schwestern zu erreichen. Der Name des Flurstücks *Bei der Linde* deutet darauf hin, dass hier schon in früherer Zeit ein großer Lindenbaum stand.

Zwei der Drei Linden
beim Lindenhof

Mössingen

Auf dem Farrenberg

Rotbuche im Traufwald beim Farrenberg

Vom Wanderparkplatz am Osthang bis zur Höhe des als Segelflug-Zentrum bekannten *Farrenbergs* ist es kaum eine Viertel Stunde zu Fuß. Oben angekommen, sollte man einigen starken *Alb-Buchen* Beachtung schenken, die als märchenhafte Gestalten im Nebel des Traufwaldes auftauchen.

Schweift der Blick dann über die Hochfläche, bleibt er – zumindest beim Baumliebhaber – unweigerlich an einer großen *Rotbuche* hängen, die beim Mast des Windsacks an der Nordseite des Segelflugplatzes steht. Ihre unteren Äste strecken sich bis zu 13 Meter waagerecht in alle Richtungen aus, so dass eine rundliche Krone entsteht. Der rund 25 Meter durchmessende Kronenbereich ist leider bedeckt mit abgebrochenen Ästen, die zumeist aus dem Zentralbereich der Krone stammen. Dass es sich um die als Naturdenkmal eingetragene *Weidbuche* handelt, ist nicht ersichtlich, aber wahrscheinlich. Streng genommen kann man wohl nicht von einer Weidbuche reden, denn diese haben zumeist infolge des Verbisses durch Weidevieh mehrere Stämme ausgebildet, die dann später mehr oder weniger zusammenwachsen. Möglicherweise hat sich der heutige, kompakte Einzelstamm aber auch im Schutz von heute nicht mehr vorhandenen, dornigen Sträuchern entwickelt.

Im westlichen Teil der Fläche zieht ein weiterer, prachtvoller Solitärbaum die Blicke auf sich: Ein *Bergahorn (Acer pseudoplatanus)*, in dessen runder Krone leider ebenfalls schon viele trockene Äste stehen.

Weidbuche
auf dem Farrenberg

Mössingen-Talheim

Die Talheimer Linden

Linde an der Kirchstraße

Das im oberen Steinlach-Tal gelegene *Talheim* ist, was seinen landschaftlichen Reiz anbelangt, wohl kaum zu schlagen; in drei Himmelsrichtungen hat der Talheimer die Schwäbische Alb direkt vor der Haustür: Nach Westen geht der Blick zum *Farrenberg* mit seinem bekannten Segelflug-Gelände, im Osten halten die Hänge von *Kirchkopf* und *Filsenberg* dem Vergleich mit einem kanadischen Indian summer durchaus stand und im Süden wird die Burladinger Alb vom *Kornbühl* und seiner schönen Kapelle gekrönt.

Auch mit bemerkenswerten Bäumen ist Talheim reich gesegnet. Am Weg zur Kirche steht die weithin bekannte *Talheimer Linde*. Ihre Krone ist in den Außenbereichen des unteren Drittels so deutlich abgenommen, dass keine regelmäßig gewölbte Form mehr vorhanden ist. Ihre unteren Äste hängen stark, so dass der Stamm nach außen fast ganz verdeckt wird. Mit 3,25 Meter Umfang und einem Alter von etwa 150 Jahren zählt die Sommerlinde seit 1985 zu den knapp 90 Baumdenkmalen des Landkreises Tübingen.

Weit weniger bekannt ist eine weitere Sommerlinde, die am Sträßle zum Farrenberg mit ihrer 26 Meter durchmessenden Kuppelkrone offenbar ein willkommener Schattenspender für die Schafe darstellt. Diese riesige Krone wird durch insgesamt 12 Einzelstämme gebildet, die sich bogig nach außen recken und bis nahe an den Erdboden heranreichen. Die Astspitzen dieses besonderen 180-jährigen Naturdenkmals sind leider vielfach vertrocknet.

Lindenstock
an der Farrenberg-
Straße

Mössingen-Talheim

Kielsteig-Buche

Mössingen-Talheim

Indian summer

Wer sich an einem ruhigen und sonnigen Herbst-Nachmittag aufmacht, einen (fast) echten, kanadischen *Indian summer* zu erleben, ist gut beraten, nach Talheim zu fahren. Der Parkplatz bei der Kirche ist hierzu ein idealer Ausgangspunkt. Schon am Beginn des Wanderwegs, der zunächst in nördlicher Richtung bogenförmig um den Fuß des *Kirchkopfes* herumführt, bieten die rot verfärbten Obstbäume vor hellgelben Pappeln und tiefgrünen Kiefern wunderbare Farbkontraste. Je mehr man dann ins *Seebachtal* zwischen dem Kirchkopf und der Südflanke des *Filsenberges* einbiegt, desto intensiver zeigt sich die leuchtende Farbenpracht des Buchenwaldes.

Am sauberen Seebach entlang, in dem sich bis zum *Bröller* sogar kleine Fische tummeln, führt der Weg immer weiter aufwärts, bis man nach einer scharfen Kehre den Parkplatz auf der Albhochfläche bei Willmandingen erreicht. Dort biegt man nach rechts in den Riedernberg-Weg ab, der bald in einen schmalen Geröllpfad übergeht und vorbei an moosbewachsenen Felsblöcken zur *Heidenburg* führt. Ein schöner Aussichtspunkt mit Grillplatz und Hütte am Standort einer ehemaligen Burg aus der Hallstattzeit (600 bis 400 v. Chr.) ist Ziel der Wanderung. Nach kurzem Weg am Trauf entlang steigt man wieder nach Talheim ab und trifft am Wanderparkplatz unterhalb des Hungerbrunnens auf die prächtige *Kielsteig-Buche*. Dieses Naturdenkmal hat wohl seine 180 Jahre auf der Borke und bildet Abschluss und Höhepunkt der Tour.

Indian summer
am Kirchkopf

Mössingen-Talheim

Mössingen-Talheim

Indian summer am Filsenberg

Indian summer am Kirchkopf Mössingen-Talheim

Auf dem Rossfeld

Bergahorn
auf dem Rossfeld

Reutlingen-Gönningen

Wer an einem Spätsommer-Abend einen unvergesslichen Sonnenuntergang erleben will, muss nicht in die Ferne schweifen. Zwischen *Öschingen* und *Gönningen* ist der Albhochfläche am Schönberg noch einmal ein markanter Bergkegel aufgesetzt: Es ist der 869 Meter hohe *Rossberg* mit seinem mächtigen Turm. Vom Aussichtspunkt beim Denkmal des Alb-Erforschers *F. A. Quenstedt* (1809-1889) schweift der Blick über weitere, vorspringende Stufen (S. 202/203) und erfasst an klaren Tagen sogar die fernen Höhen des Schwarzwaldes.

Am westlichen Fuß des Rossbergs – also auf der 'Dachfläche' des Schönbergs – erkennt man das freie, parkähnliche *Rossfeld*, in das immer wieder große Baumkronen eingestreut sind. Neugierig geworden, entdeckt der Baumfreund hier großartige Eschen, Weidbuchen, Fichten, Mehlbeeren und Ahorne. Gleich am Beginn der Fläche stößt man auf eine riesige, 7-stämmige *Esche (Fraxinus excelsior)*, deren Krone gut und gerne 25 x 30 Meter misst (in Breite und Höhe).

Aus insgesamt 12 Einzelstämmen, die alle dicht beisammen stehen und steil aufwärts streben, baut sich ein bemerkenswerter *Bergahorn* auf – er steht nur einen Steinwurf weiter nördlich.

Besonders spektakulär und aus der Ferne wie das Gerippe eines aufgestellten Saurier-Fossils erscheinend, zeigt sich eine vor Jahren umgestürzte alte *Fichte*, die als toller Kletterbaum bei Kindern sehr beliebt ist – leider auch bei den Eltern, denen an der Feuerstelle nebenan mitunter etwas trockenes Holz fehlt!

Esche
auf dem Rossfeld

Reutlingen-
Gönningen

Reutlingen-Gönningen
Weidbuche auf dem Rossfeld

Skelettfichte auf dem Rossfeld — Reutlingen-Gönningen

Am Schönberg

Ulme am Schönberg

Zwischen *Gönningen* und *Öschingen* springt der Trauf der Schwäbischen Alb ein gutes Stück nach Nordwesten vor, wobei die Höhenlinie bei 770 Meter den Umriss eines Hammerkopfes nachzeichnet. Dort, wo der Stiel des Hammers oben wieder sichtbar wird, allerdings rund 70 Höhenmeter hangabwärts am Oberen Schönbergweg, steht eine Gruppe mit vier bemerkenswerten Baumriesen. Zwei *Rotbuchen*, ein *Bergahorn* und eine *Ulme* wurden hier vor über 200 Jahren gepflanzt und stehen heute wegen ihrer besonderen ökologischen Bedeutung unter Naturschutz.

Die Ulme ist allerdings längst abgestorben, ihr Stamm in etwa zehn Metern Höhe gebrochen und fast völlig entrindet. Der obere Kronenteil stürzte nach einem Sturm genau zwischen die beiden Stämmlinge einer Sommerlinde, die in einer Linie mit den Buchen und der Ulme steht, jedoch deutlich jünger ist. Auch ihre Krone ging bei diesem Ereignis zu Bruch, doch scheint sie diese wieder aufbauen zu können.

Die beiden gewaltigen Buchen zählen mit ihren fast 40 Meter hohen Kronen sicher zu den größten ihrer Art bei uns, wobei die glatten und 4 Meter umfassenden Stämme einen ausgesprochen jungen und gesunden Eindruck machen.

Der großartigste aber ist ganz ohne Zweifel der Bergahorn! Er steht dem Wanderpfad am nächsten und seine typisch gesprenkelte Borke auf dem zum Fuß hin deutlich breiter werdenden Stamm begeistert jeden Baumliebhaber.

Reutlingen-Gönningen

Bergahorn
am Schönberg

Reutlingen-Gönningen

Die Gönninger Riesen

Mammutbäume in der Brühlwiesenstraße

Die herrliche Lage *Gönningens* direkt am Fuß der Schwäbischen Alb wird noch bereichert durch eine ganze Reihe wirklich bestaunenswerter Baumgestalten: Die Gruppe mit *Bergahorn* und *Rotbuchen* im Hangwald des Schönbergs kennen wir schon, die zwei ältesten *Linden* des Ortes, die beiden *Ramstel-Buchen* und diejenigen am *Stöffelberg* werden auf den folgenden Seiten vorgestellt.

Die zwei mächtigsten von allen aber stehen am südlichen Ortsrand, im Brühlgässle, durch das hier ständig wachsende Neubaugebiet mittlerweile in den Siedlungsbereich einbezogen und doch zum Glück großzügig ausgespart. *Mammutbäume* dieser Größenordnung – der Stamm des breiter gewachsenen von beiden misst immerhin 6,28 Meter im Umfang – brauchen viel Platz, um ihre eindrucksvolle Wuchsform auch angemessen zur Geltung bringen zu können.

Die um 1900 gepflanzten und außerordentlich schnell wachsenden Bäume werden in der Reutlinger Verordnung von *Einzelbildungen der Natur* ausdrücklich als ökologisch wertvoll, landschaftsprägend sowie aus historischen Gründen und wegen ihrer Seltenheit als schützenswert eingestuft.

So bleibt zu hoffen, dass die nach dem Sondelfinger Mammutbaum größten Sequoias des Reutlinger Umfelds der Gemeinde Gönningen noch lange erhalten bleiben – welches Alter sie in Mitteleuropa überhaupt erreichen können, werden vielleicht unsere Ur-ur-ur-ur-Enkel erst wissen.

Mammutbaum
in der
Brühlwiesenstraße

Reutlingen-Gönningen

Die Alte Ziegel-Linde

Holztafel an der Alten Ziegel-Linde

Die alte *Linde* in der Öschinger Straße ist Gönningens markanteste Baumgestalt und zugleich einer der ältesten und bedeutendsten Bäume zwischen Alb und Schönbuch. Wie auf der an ihrem Stamm angebrachten Holztafel zu lesen ist, stand sie schon, als vor über 400 Jahren in ihrer Nachbarschaft eine Ziegelhütte erbaut wurde. Dass ein derart alter und auch kulturgeschichtlich bedeutsamer Baumveteran bis heute scheinbar namenlos geblieben ist, vor allem auch im Hinblick auf seinen Standort im Ortsbereich, ist doch ein wenig verwunderlich. Wir wollen sie deshalb an dieser Stelle vorsorglich auf den Namen *Ziegel-Linde* taufen.

Wie die erst jüngst angebrachten grünen Aststützen – die gleichen übrigens, die auch der Sickenhäuser Sportplatz-Linde zu mehr Standfestigkeit verhelfen – zeigen, scheint die alte Lindendame doch ein wenig gebrechlich zu werden. Vielleicht ist es aber auch nur eine Vorsichtsmaßnahme, die helfen soll, den nächsten Sturm möglichst unbeschadet zu überstehen. Die Krone wurde vor Jahren stark zurück genommen, mit Seilen verspannt und hat sich auf dem massigen, deutlich schief stehenden 6-Meter-Stamm wieder gut entwickelt. Erfreulich, dass sich dürre und abgebrochene Äste noch in Grenzen halten.

Zusammen mit dem stilvoll renovierten Fachwerkhaus nebenan, bildet der ehrwürdige Baum eine wunderbar harmonische Einheit, die in dieser Form kein zweites Mal mehr in unserer Region vorhanden ist.

Alte Ziegel-Linde

Reutlingen-Gönningen

Die Galgenbühl-Linde

Galgenbühl-Linde

Während sich ihre ältere Schwester in der Öschinger Straße allen Vorbeikommenden voller Selbstbewusstsein präsentiert, versteckt sich die *Sommerlinde* beim *Galgenbühl* (am Ortsausgang Richtung *Käpfle*) hinter dichtem Strauchwerk. Dabei kann sich die etwa 260-jährige Gönninger Ureinwohnerin trotz ihrer sehr starken Beschädigungen durchaus sehen lassen!

Vielfache Seilverspannungen konnten es nicht verhindern, dass das eindrucksvolle Naturdenkmal schon vor Jahren etliche starke Äste eingebüßt hat. Die Bruch- bzw. Schnittstellen wurden sorgfältig behandelt und sind auch heute noch in gutem Zustand. Dicke Wülste an den Rändern zeigen das Bestreben, diese Schwachstellen wieder zu schließen. Leider sind inzwischen weitere große Äste gebrochen und haben schlimme Wunden hinterlassen, zum Teil auch nach oben zeigend, so dass den Niederschlägen und nachfolgend den Pilzen Tür und Tor geöffnet sind. Am schlimmsten sieht die Südseite des 4,5-Meter-Stammes aus: Auf einer Fläche von gut zwei Quadratmetern hat sich die Fäulnis bis tief hinein ins Holz gefressen – ein geradezu jammervoller Anblick! Die Finanzlage unserer Gemeinden hat sich in den letzten Jahren so dramatisch verschlechtert, dass für eine meist in die Tausende Euro gehende Sanierung kaum noch Mittel zur Verfügung stehen. Wenn der Stamm und die drei größten offenen Wunden nicht behandelt werden, dürfte dieser großartige Baum in wenigen Jahren zusammenbrechen.

Galgenbühl-Linde

Reutlingen-Gönningen

Am Stöffelberg

Östliche der Zwei Buchen

Wiesaz und *Breitenbach* haben – mit Unterstützung des *Lindentalbachs* – durch beharrliche Ausräumarbeit einen Bergsporn aus dem Albtrauf herausgearbeitet, dessen Abschnitte wir heute als *Stöffelberg*, *Barmkapf* und *Pfullinger Berg* kennen. Der schmale und am weitesten vorgeschobene Stöffelberg, fast 200 Meter über dem Ort, stellte im Mittelalter einen idealen Burgplatz dar. Die Edelfreien von Stöffeln, Verwandte der Grafen von Achalm und Urach, errichteten hier die mächtige Stöffelburg. Im Städtekrieg von 1388 bemächtigte sich jedoch die Freie Reichsstadt Reutlingen vorübergehend Gönningens und zerstörte die Anlage. Heute bietet die ehemalige Bastei einen fantastischen Ausblick über die Voralb- und Gäulandschaften in Richtung Schwarzwald.

Am Oberen Burghaldeweg, auf halber Strecke zum Barmkapf, treffen wir auf zwei mächtige, etwa 240-jährige *Rotbuchen*, die als Naturdenkmale eingetragen sind. Die Kronen beider Bäume sind erheblich geschädigt. Die ersten ab ca. acht Meter Höhe austretenden Äste sind ebenfalls abgebrochen oder dürr, so dass die verbleibende Krone der 30 Meter hohen Waldriesen nur noch auf wenigen kurzen Seitenästen aufbaut. Die größere Buche zeigt am Fuß ihres 3,84 Meter umfassenden Stammes deutliche Alterserscheinungen: schwärzliche, brüchige, sich ablösende Borke (Bild links).

Oberhalb der beiden erstreckt sich ein Bannwald-Gebiet, in dem bereits viele Nachfolger auf den 'Posten' der ältesten und stärksten Stöffelberg-Buche warten!

Die Zwei Buchen
am Stöffelberg

Reutlingen-Gönningen

231

Die Ramstel-Buchen

Buchenzwilling im Ramstelbachtal

An der Kreisstraße zwischen Gönningen und Genkingen beginnt der Aufstieg zur Schwäbischen Alb an der ersten scharfen Straßenbiegung. Hier führt vom Parkplatz aus ein Wanderweg ins *Ramstelbachtal*. Schon auf den ersten Metern fallen am linksseitigen Waldhang zahlreiche alte und stattliche Buchen auf, von denen einige mit ihren gut 150 Jahren durchaus Beachtung verdient haben.

Nach einer engen Wegbiegung nach rechts tauchen auf der linken Seite die beiden gesuchten *Ramstel-Buchen* auf. Sie sollen bereits um das Jahr 1700 gepflanzt worden sein! Nun fragt sich vielleicht der Eine oder Andere, warum um aller Welt pflanzt jemand zwei Buchen mitten im Buchenwald? Dies erscheint auf den ersten Blick unlogisch, wird aber auf den zweiten verständlich: Damals waren die Wälder durch Raubbau und Weidebetrieb weitgehend aus unserer Landschaft verschwunden.

Die näher am Weg stehende ist möglicherweise beim Orkan 'Wiebke' 1990 in etwa vier Meter Höhe abgebrochen. Die am Weg liegenden Trümmer stehen ebenso unter Naturschutz wie der nur wenige Meter entfernte, heute noch stehende zweite Baum. Dieser befindet sich allerdings in einem sehr schlechten Zustand: Die unteren Kronenäste sind fast alle verloren und der über vier Meter starke Stamm ist auf der Rückseite offen, das Holz im Inneren völlig morsch. Die Borke löst sich an zahlreichen Stellen ab und ist bis weit hinauf durchzogen von Rissen. Dieser Buchen-Greis befindet sich fraglos in seinen letzten Lebensjahren.

Ramstel-Buche

Reutlingen-Gönningen

Der Bronnweiler Zwergriese

Mammutbaum an der Kirche

Reutlingen-Bronnweiler

Jünglinge sind sie allesamt, unsere mächtigen *Mammutbäume*. Trotz ihrer imponierenden Größe stehen selbst die ältesten, wie die Exemplare von Bronnweiler, Gönningen oder Sondelfingen erst am Anfang ihrer Lebensspanne. Auch die prächtigen Sequoias im Schönbuch, etwa auf dem Betzenberg oder im Steingart bei der Kaiserlinde, werden in diesem Jahr erst 140 Jahre alt, wurden also 1865 gepflanzt.

Ihre großen Brüder in Kalifornien bringen es immerhin auf mehr als 2.500 Jahre. Der größte von ihnen, der gewaltige 'General Sherman', gilt mit seinen ca. 1380 Tonnen Gewicht – bei 84 Meter Höhe und einem Stamm-Umfang von 31 Meter – als das größte Lebewesen der Welt.

Der bei der *Bronnweiler Kirche* stehende Mammutbaum – ein zweites Exemplar musste leider vor etwa 25 Jahren entfernt werden – ist von diesen Rekordwerten zwar weit entfernt, hat aber mit seinen etwa 36 Meter Höhe und 5,8 Meter Umfang für hiesige Baum-Verhältnisse doch schon monumentale Ausmaße. Die bei jüngeren Sequoias ausgeprägte Spitze ist bereits deutlich abgerundet und die unteren Äste, die erst bei sechs Meter Stammhöhe beginnen, sind fast bis zur Erde herabgebogen.

Ein wenig rätselhaft scheint allerdings der Text auf der hier angebrachten Tafel, der besagt, dass der Baum aus einem '*aus der Türkei gezogenen Samen*' entstanden sei. Schließlich ließ Wilhelm I. die Samen schon 1864 aus Kalifornien importieren, also bereits kurz nach der Entdeckung dieser Baumart.

Mammutbaum
an der Kirche

Reutlingen-Bronnweiler

Die Schönheitskönigin

Friedenslinde am Käpfle

Reutlingen-Bronnweiler

Wer ist die schönste im ganzen Land – dendrologisch gesehen? Hierüber sollte sich natürlich jeder sein eigenes Urteil bilden dürfen, doch wer diese Frage ernsthaft beantworten möchte, kommt an diesem herrlichen Baum nicht vorbei. So wie die berühmte *Bavaria-Buche* bei Pondorf in Bayern über viele Jahrzehnte als der schönste und wohl meistfotografierte Baum Deutschlands galt (heute bricht er mehr und mehr zusammen und bietet schon ein Bild des Jammers!), so könnte die 1870 gepflanzte *Friedenslinde* beim *Käpfle* diesen Rang in unserer Region einnehmen.

Wer unter ihrer weiten, kuppelförmigen Krone auf der halbkreisförmigen Bank Platz nimmt, kann sich kaum einen schöneren Platz vorstellen als diesen grünen Hügel südlich der Alteburg. Von hier aus schweift der Blick über Bronnweiler und den Albtrauf hinauf zum Rossberg mit seinem bekannten Aussichtsturm. Ein Sonnenuntergang zu Beginn des Frühlings, wenn das noch blattlose Geäst als schwarze Silhouette vor dem leuchtenden Abendhimmel steht, gehört zu den eindrucksvollsten Naturerlebnissen der Voralblandschaft.

Es ist erstaunlich, wie gut dieser prachtvolle Baum auf seinem windexponierten Standort die starken Orkane von 1990 und 1999 überstanden hat. Dies ist vor allem der offenbar besonders hohen Elastizität zu verdanken, über die die frei schwingenden Äste verfügen.

Friedenslinde am Käpfle — Reutlingen-Bronnweiler

Auf dem Frauenhölzle

Luther-Linde
auf dem Frauenhölzle

Das im Wiesaztal zwischen Gomaringen und Gönningen gelegene *Bronnweiler* ist seit 1971 als Stadtteil nach Reutlingen eingemeindet. Es besitzt mit der Marienkirche aus der ersten Hälfte des 12. Jahrhunderts ein wirklich herausragendes kulturhistorisches Bauwerk. Aus der Zeit zwischen 1150 und 1700 sind hier sehenswerte Wandmalereien erhalten.

Der dicht bei der Kirche stehende, mächtige Mammutbaum und die auf einem Hügel außerhalb des Ortes thronende Friedenslinde sind dagegen die botanischen Wahrzeichen der 'Kuckucks-Gemeinde' – ein solcher ziert das Ortswappen.

Auf dem gegenüber der Friedenslinde gelegenen Hügel – dem so genannten *Frauenhölzle* –, lädt die anlässlich des 100. Todestages von Friedrich Schiller gepflanzte *Schiller-Linde* zu ihrem 100. Geburtstag. Ihre hoch gewölbte Krone ist trotz eines Blitzschlages von 1978 und eines abgebrochenen Hauptastes, der den Stamm auf fast zwei Meter Länge aufgeschlitzt hat, dicht und fein verzweigt. In den letzten Jahren ist ein außerordentlich starker Austrieb zu beobachten – hoffentlich kein schlechtes Zeichen!

Nur wenige Meter östlich von ihr steht die 1917 – aus Anlass des 400. Jahrestages der Reformation – gepflanzte *Luther-Linde*, die sich im Wuchs deutlich von ihrer Nachbarin unterscheidet: Die Krone, niedrig und breit ausladend, ist in großen Teilen abgestorben und in einem großen Stammriss breitet sich der Pilz aus. Durch seinen Standort auf einer Viehweide wird ihm aber eine Fällung wohl erspart bleiben.

Luther- und Schiller-Linde
auf dem Frauenhölzle

Reutlingen-Bronnweiler

Aschenputtel

Kätzchen der Aschweide

Reutlingen-Bronnweiler

Während die *Hängeweide* sicher zu den am besten bekannten einheimischen Bäumen überhaupt zählt, wird ihre kleine Schwester, die *Aschweide (Salix cinerea)*, vielen Menschen wohl gar kein Begriff sein. Die wenigsten werden die jungen Triebe mit den hübschen, buschigen Kätzchen, die im März viele Wohnzimmer schmücken, dieser ansonsten eher unscheinbaren Weidenart zuordnen können.

Das meist nur strauchförmig oder als rasch verzweigter kleiner Baum entwickelte Feldgehölz kann allerdings in Ausnahmefällen auch eine recht beachtliche Größe erreichen. Ein besonders altes und stattliches Exemplar steht in der Gesellschaft der bekannten Luther- und Schillerlinde auf dem *Frauenhölzle* an der Kreisstraße vom *Käpfle* nach Bronnweiler.

Auf dieser Viehweide dürfte das Nährstoffangebot im Erdboden sicher besonders üppig sein. Andererseits führte die stark windexponierte Lage auf dem Hügel leider auch bei der Weide zu recht zahlreichen Astbrüchen.

Die in der Folge meist zu beobachtende Besiedlung mit Baumpilzen wird diesen Zerstörungsprozess noch beschleunigen, so dass die Lebensspanne dieses Ausnahmebaums vielleicht nur noch einige Jahre betragen wird. Dass sich an diesem Hügel-Standort überhaupt eine Aschweide dieser Größe entwickeln konnte, einer Baumart also, die als Vertreter der *Weichholz-Aue* eine jährliche Überflutung von bis zu 190 Tagen aushalten könnte aber empfindlich auf Austrocknung reagiert, ist geradezu phänomenal!

Aschweide
auf dem Frauenhölzle

Reutlingen-Bronnweiler

Die Ur-Eiche am Käpfle

Ur-Eiche am Käpfle

Die nach der *Neuhaus-Eiche* wohl stärkste *Stieleiche* und sicher auch einer der ältesten Bäume der gesamten Region Tübingen/Reutlingen steht am Osthang des *Käpfle*, nahe beim Hofgut *Alteburg*. Selbst im Schönbuch gibt es nur eine einzige (die *Dicke Eiche*) die einen noch etwas stärkeren Stamm aufweisen kann.

Leider sind ihre Tage gezählt: Die Krone ist praktisch nicht mehr vorhanden, zwei übrig gebliebene Hauptäste ragen nackt in den Himmel – Blätter werden nicht mehr ausgetrieben. Die Rinde löst sich teilweise schon vom Stamm, der, aus der Nähe betrachtet, aber immer noch geradezu Ehrfurcht gebietende Ausmaße besitzt. Eine in unmittelbarer Nähe stehende, immerhin vier Meter im Umfang messende *Linde* wäre an anderem Standort sicher eine eindrucksvolle Gestalt, neben diesem mächtigen Baumveteranen wirkt sie trotz ihrer schönen Krone geradezu unscheinbar.

Wie viele Jahre die *Eiche am Käpfle* schon auf ihrem mächtigen Buckel hat, lässt sich schwer sagen. Man müsste ihr schon mit einem Spezialbohrer zu Leibe rücken – wie es leider auch bei lebenden Bäumen immer wieder mal vorkommt – um diese Frage zu klären. Die auf dem nahe gelegenen Wertholz-Platz lagernden Eichenstämme zeigen alle sehr schmale Jahresringe, sind also wohl im Bestand aufgewachsen. Bei einem Umfang von ziemlich genau zwei Metern ergeben sich hier 160 Jahre. Unser Eich-Oldie mit seinen 6,37 Meter Umfang käme somit rein rechnerisch auf etwa 500 Jahre!

Ur-Eiche am Käpfle

Reutlingen

Verwachsene Eiche auf den Breitwiesen

Auf den Breitwiesen

Zu Füßen des *Pfullinger Berges* erstrecken sich, nordwärts abfallend, weite Wiesenflächen, die von der Verbindungsstraße zwischen Gönningen und Pfullingen durchschnitten werden. Ein für Baumfreunde interessantes Gebiet liegt südlich dieser Straße, insbesondere zwischen dem *Lindental* im Osten und dem Waldrand beim *Selchental* im Westen.

Das Selchental ist ein Abschnitt des *Breitenbachtals* und zudem Schauplatz einer der zahlreichen alten Pfullinger Sagen – hier treibt nämlich der '*Haule*' sein Unwesen. Ein Knecht dieses Namens soll hier vor langer Zeit von einem Wanderer nach dem Weg nach Gönningen befragt worden sein. Scheinbar hilfsbereit ritt er mit dem Fremden durch den Wald, um ihn dann doch bei günstiger Gelegenheit zu ermorden und auszurauben. Zur Strafe müsse der Haule zeitlebens sein Dasein als furchterregender Geist im Selchental fristen. Er reitet meist auf einem Schimmel, wobei sein breiter Schlapphut direkt auf dem grauen Mantel sitzt – den Kopf trägt er unter dem Arm!

Östlich des Selchentals sind verstreut eine Vielzahl von ausdrucksstarken, freistehenden Einzelbäumen zu entdecken, die im grünen Albvorland sehr markante Geländepunkte darstellen – ganz ähnlich wie in vielen englischen Parklandschaften.

Meist handelt es sich um Eichen und Linden, doch auch Esche, Pyramidenpappel, Walnuss und Kirsche sowie Erle und Spitzahorn sind in prächtigen Exemplaren vertreten. Letztere werden nachfolgend noch eingehender beschrieben.

Eiche
auf den Breitwiesen

Pfullingen

Pfullingen

Esche (links) und Eiche im Lindental

246

Zwei Eichen auf den Breitwiesen — Pfullingen

Große Schwarzerle im Lindental

Der Erlkönig

Ob Goethes Gedicht vom Erlkönig mit dem Baum des Jahres 2003, der *Schwarzerle (Alnus glutinosa)*, irgend etwas zu tun hat, darf man getrost bezweifeln. Prof. Roloff vom *Kuratorium Baum des Jahres* deutet dies als Folge eines Übersetzungsfehlers, dem Goethe aufgesessen ist. Die nach der sehr dunklen, im Alter zerklüfteten Borke benannte Schwarzerle ist ein gleichermaßen gut erkennbarer wie auch wirklich bemerkenswerter Baum: Statt einer Spitze – wie bei den meisten anderen Laubbäumen – hat das Erlenblatt eine 'Delle' und die Fruchtstände verholzen zu kleinen Zapfen, wie sie sonst nur bei den Koniferen vorkommen.

Als Charakterbaum der kleineren Fließgewässer, wie kein zweiter Baum an ständig feuchte Standorte angepasst, hat die Erle vielfältige ökologische Aufgaben zu erfüllen: So ist sie zum Beispiel Lebensraum und Nahrungslieferant für über 150 Insektenarten. Als typische Pionierbaumart sorgt sie zudem für die Befestigung und Beschattung ihrer Standorte. Weiterhin kann sie mit ihrer besonderen Fähigkeit, Stickstoff aus der Luft in ihren Wurzelknöllchen zu binden, den Boden 'düngen': Er wird nach dem Laubfall durch die Zersetzung an die Erde abgegeben.

Leider ist die Schwarzerle durch einen seit 1994 auftretenden pilzähnlichen Mikro-Organismus aufs höchste gefährdet! Ob mein *'König der Erlen'* und sein *'Thronfolger'*, beide stehen an einem kleinen Bachlauf im Lindental, davon verschont bleiben, kann man nur hoffen – Bekämpfungsmaßnahmen gibt es bis jetzt nicht!

Alte Schwarzerle
im Lindental

Pfullingen

Blütenstand des Spitzahorns

Der Spitzen-Ahorn

Mein persönlicher Spitzenreiter unter allen *Spitzahornen (Acer platanoides)* steht im *Lindental* zwischen Pfullingen und Gönningen, am Fuße der so genannten *Küchensteige*, einem Wanderweg, der zum Pfullinger Berg hinauf führt. Die gut 30 Meter hohe, gleichmäßig entwickelte und von einem starken Doppelstamm getragene Krone übertrifft alles, was an Bäumen dieser Art in unserem Raum angetroffen wird.

Das namengebende Merkmal dieser vor allem im Herbst wunderschönen Bäume sind die in vielen Spitzen auslaufenden, meist fünflappigen Blätter. In der Form der Blattspreite ähneln sie den Blättern der Platane, was im Artnamen zum Ausdruck kommt. Noch vor dem Laub erscheinen im Frühjahr die leuchtend gelbgrünen Blütenstände, die besonders von Bienen gerne aufgesucht werden. Die Insekten übertragen den Blütenstaub auf die Narben der Stempel. Nach dieser Bestäubung und der anschließenden inneren Befruchtung bilden sich je zwei eng zusammen liegende Nussfrüchte, deren Flügel einen stumpfen Winkel bilden. Beim *Feldahorn* ist dieser Winkel deutlich größer, beim *Bergahorn* kleiner.

Aufgrund ihrer Neigung zur Windbrüchigkeit und ihrer gegenüber Buchen geringeren Konkurrenzkraft sind über 100-jährige Exemplare des Spitzhorns bei uns eine Seltenheit, freistehend und geschützt können sie durchaus auch 200 Jahre alt werden. Meinem Lieblingsahorn wünsche ich jedenfalls, dass sein wertvolles Holz nicht zu Möbelstücken oder Musikinstrumenten verarbeitet wird.

Spitzahorn und Eiche im Lindental

Pfullingen

251

Der Bad-Ahorn

Bergahorn in Blüte

Nein, ich muss Sie enttäuschen: Es wurde keine neue Ahornart entdeckt! Der stattliche Baum, der im Eninger Freibad während der Bade-Saison auf die vielen Besucher herabschaut, ist ein *Bergahorn (Acer pseudoplatanus)*. Man könnte ihn als den regionalen 'Champion der Ahorn-Klasse' bezeichnen, mit knapp vier Metern Umfang ist sein Stamm bei weitem dicker als der aller anderen Bäume seiner Art. In seiner eigentlichen Heimat, den Mischwäldern mittlerer Gebirgslagen (bis etwa 1800 Meter Höhe), kann er allerdings noch ganz andere Dimensionen erreichen: Der mächtigste Bergahorn Deutschlands – sein Umfang beträgt neun Meter und sein Alter wird auf etwa 600 Jahre geschätzt – wächst bei Wamberg im Werdenfelser Land (Kreis Garmisch-Partenkirchen).

In der Forstwirtschaft wird der Bergahorn zu den Edelhölzern gezählt, d. h. er stellt zwar hohe Ansprüche an die Nährstoff-, Licht- und Wasserversorgung, sein Holz gilt aber als besonders wertvoll. Für die Möbelherstellung und den Musikinstrumentenbau werden bei Holzauktionen gegenüber den besten Eichenstämmen nicht selten doppelt so hohe Preise erzielt!

Hoffen wir, dass unser 'Bad-Ahorn', dessen Alter vielleicht bei gut 200 Jahren liegen wird, noch lange seinen Schatten werfen darf, worüber sich zumindest die Eninger Badegäste freuen. Vor Jahren ist der erste Ast herausgebrochen und hat eine bis heute offene Bruchstelle hinterlassen. Ansonsten befindet sich die schöne, kugelförmige Krone in sehr gutem Zustand.

Eningen

Bergahorn
im Freibad

Eningen

Weidbuchen am Gutenberg

Einstämmige Weidbuche am Gutenberg

In den Talschluss zwischen *Gutenberg* und *Renkenberg* zieht sich die *Alte Steige* vom Ort herauf bis zum Schützenhaus. Wer hier hinter dem Schießplatz auf dem wenig begangenen Pfad in den Hangwald eintritt, trifft schon nach wenigen Metern auf einen umgestürzten Waldriesen: Eine *Rotbuche*, deren letzte Stunde möglicherweise schon beim 1990er-Orkan geschlagen hat – jedenfalls lässt der fortgeschrittene Zersetzungsprozess darauf schließen. Der Stammrest hat immer noch einen Umfang von 4,8 Metern, was unter den gegebenen Standortbedingungen ein Alter von über 300 Jahren vermuten lässt. Sie dürfte damit die älteste ihrer Art bei uns gewesen sein.

Wer auf der Terrasse des Schützenhauses seinen Blick über die unter Naturschutz stehenden Wiesen des Gutenberg-Hanges schweifen lässt, auf denen sich zu Beginn des Frühlings zahllose Veilchen und Küchenschellen zeigen, dem werden vielleicht zwei außergewöhnliche *Weidbuchen* auffallen, die direkt am Waldrand stehen. Die erste scheint aus mindestens fünf Bäumen zusammengewachsen zu sein, ihre breite und besonders talwärts weit ausladende Krone durchmisst gut 22 Meter, ihr Stamm bringt es auf 4,19 Meter im Umfang.

Die Krone der zweiten ist nochmals einige Meter größer, sie besitzt einen Einzelstamm und steht mit extrem ausladenden Wurzelanläufen fest in den Hang gekrallt. Die Größe der Krone entsteht durch das Fehlen einer Hauptachse, schon nach drei Metern streben sehr viele, gleichrangige Seitenarme in alle Richtungen.

Mehrstämmige
Weidbuche
am Gutenberg

Eningen

255

Die Alleen-Linden

Schafhaus-Allee
auf der Eninger Weide

Die weithin bekannte *Deutsche Alleenstraße* beginnt auf der Insel Rügen an der Ostsee, zieht sich durch acht Bundesländer hindurch und endet schließlich nach insgesamt 2500 Straßenkilometern auf der Insel Reichenau im Bodensee. In den alten Bundesländern mussten in den vergangenen Jahrzehnten leider viele Alleebäume dem Ausbau von Straßen weichen, so dass die Alleenstraße zahlreiche Lücken aufweist. Erst seit sich die Arbeitsgemeinschaft Deutsche Alleenstraße e. V., die von der Schutzgemeinschaft Deutscher Wald, dem Deutschen Tourismus-Verband und dem ADAC ins Leben gerufen wurde, um Neupflanzungen bemüht (unterstützt durch das Umweltministerium), schließen sich diese Lücken wieder allmählich.

Ein Teilstück der Alleenstraße verläuft auch über die Schwäbische Alb, und vor allem im Bereich des *Gestütshofs St. Johann* sind einige großartige Baumreihen erhalten geblieben. Kurz bevor die Alleenstraße am *Renkenberg* nach Eningen absteigt (Parkplatz), ist sowohl nach Norden zum Erholungsgebiet *Eninger Weide* als auch nach Süden bis zum *Schafhaus* ein sehenswerter Seitenzweig aus *Alleen-Linden* zu bestaunen.

Der stärkste Baum der Haupt-Allee (Umfang 5,7 Meter) steht an der L 380 nach Würtingen: Die etwa 250-jährige *Forsthof-Linde*.

Die kleine Seitenstraße zum Schafhaus ist beidseitig von Linden gesäumt, die an einem Abend im späten Oktober von der untergehenden Sonne für kaum eine halbe Stunde in goldenes Licht getaucht werden.

Lindenallee
beim Schafhaus

Eningen

Baum des Himmels

Götterbaum am Tübinger Anlagensee

Reutlingen-Ohmenhausen

Nach seinem Wortursprung ist er der höchste Baum überhaupt, der bis 'an den Himmel' reichende *Götterbaum (Ailanthus altissima)*. Tatsächlich wird er diesem Superlativ zumindest bei uns nicht gerecht: Mit knapp 30 Metern dürfte der aus China stammende, 1751 zuerst nach England eingeführte Einwanderer seine maximal mögliche Höhe erreicht haben.

Der schnell wachsende und leicht verwildernde Zierbaum erträgt Trockenzeiten und ist als anspruchsloser Park- und Straßenbaum besonders stadtklimafest. Allerdings kann er dicht beschattende Bestände bilden und so viele einheimische Arten in ihrem Wuchs hemmen oder gar verdrängen. In einigen Ländern wie Österreich, der Schweiz, Dänemark, Ungarn oder den USA gilt er sogar als 'invasiver Neophyt', der örtlich bekämpft werden muss! Auch für die Menschen kann der Götterbaum problematisch werden: Seine sehr großen, gefiederten Blätter und die glatte, graue Rinde können starke allergische Hautreaktionen hervorrufen und auch die geflügelten Früchte, die sich im Herbst dekorativ rötlich verfärben, gelten als schwach giftig. Ihre Fallgeschwindigkeit wird durch mehrfache Drehbewegungen stark abgebremst, was den Windtransport begünstigt.

In unserem Raum ist eine 'Invasion der Götterbäume' freilich nicht zu beobachten, wenngleich diese Baumart wohl viel häufiger vorkommt als allgemein bekannt ist. Den bei uns stärksten Götterbaum entdeckte ich in einem kleinen, umzäunten Garten an der Brühlstraße in *Ohmenhausen*.

Götterbaum
in der Brühlstraße

Reutlingen-
Ohmenhausen

Die Breitenbach-Lärche

Blütenstände der Lärche
(links männlich, rechts weiblich)

Die *Europäische Lärche (Larix decidua)* ist der einzige einheimische Nadelbaum, der seine Nadeln nicht ganzjährig behält sondern im Spätherbst abwirft. Zuvor entwickelt der über 40 Meter Höhe erreichende Baum vor allem in den Bergregionen, z. B. den Dolomiten, ein prächtiges Farbenspiel. Die leuchtend gelben Lärchen stehen dann oft in landschaftlich reizvollem Kontrast zu ihren immergrünen Verwandten. Im Südtiroler *Ultental* sind die vielleicht ältesten und stärksten Lärchen-Veteranen des gesamten Alpenraums zu bestaunen. Die drei noch stehenden Ur-Lärchen bringen es auf einen Stammdurchmesser von sage und schreibe 4,5 Metern! Ihr Alter wird nach Auszählung der Jahresringe eines umgestürzten Exemplars mit rund 2200 Jahren angegeben. Dies ist allerdings ein Wert, der getrost bezweifelt werden darf; doch selbst wenn die Wahrheit nur bei der Hälfte läge, hätte man hier Bäume vor sich, die das 'normale' Höchstalter dieser Art (rund 800 Jahre) längst hinter sich gelassen haben.

Mit diesen Maßen kann 'unsere' mächtigste Lärche natürlich bei weitem nicht mithalten, doch mit ihren 4,32 Metern Stammumfang ist sie, aus der Nähe betrachtet, ein überaus imposanter Riese, der innerhalb der Nadelbäume an Stärke nur noch von einigen Mammutbäumen und der Lustnauer Douglasie übertroffen wird. Am Hochufer des Breitenbachs stehend, ca. 1,5 km südlich des Parkplatzes bei der Jungviehweide, dürfte sie den wenigsten der zahlreichen Wanderer und Radfahrer überhaupt bekannt sein.

Lärche
am Breitenbach

Reutlingen

Eiche beim Schützenhaus

Die Eichenallee

Am westlichen Stadtrand von Reutlingen, entlang der Hermann-Hesse-Straße, nahe dem Naturtheater, steht in neun Allee-Reihen eine für unseren Raum wohl einmalige Versammlung von *Alt-Eichen*. Selbst im Schönbuch, in dem die Eichen die mit Abstand zahlreichste Baumart bei den Veteranen stellen (ca. 60%), gibt es keine vergleichbar große Gruppe. Dort sind die Bäume allerdings zum Teil regelrecht versteckt in dichtem Unterholz, so dass ihr Auftritt bei weitem nicht so spektakulär ist wie hier, wo sie auf freier Fläche stehen und ihre Kronen nach allen Seiten frei ausbreiten können. Ihr Alter dürfte in der Mehrheit zwischen 150 und 200 Jahren liegen.

Besonders beeindruckend im ganzen Habitus sind die ältesten Exemplare, die allerdings vom Standort her außerhalb dieser Allee-Reihen stehen. Einige befinden sich zusammen mit wohl nicht ganz so alten Linden innerhalb des Damwild-Geheges, einige weitere auf der dreieckigen Fläche nördlich des Schützenhauses. Ihr Alter liegt wohl schon bei rund 300 Jahren – ein umgestürzter und nur etwa halb so starker Allee-Baum zeigt 150 Jahresringe.

Mit ihren kapitalen Stamm-Maßen von bis zu 5,10 Metern im Umfang werden sie außerhalb des Schönbuchs nur noch von der Neuhaus-Eiche und der bereits abgestorbenen Käpfle-Eiche übertroffen.

Eiche I
im Wildgehege

Reutlingen

Reutlingen Eiche II im Wildgehege

Eiche III
im Wildgehege

Reutlingen

Ein trauriges Trio

Hängeweide im Friedhof

Die *'echte' Trauerweide*, auch als *Chinesische Trauerweide* bezeichnet, taucht etwa ab 1730 in Europa auf und heißt botanisch *Salix babylonica*. Man fragt sich natürlich, was Babylon mit China zu tun hat. Nun, bei der Beschreibung eines aus dem Orient stammenden Baumes mit hängenden Zweigen dachte der Botaniker Carl von Linné wohl an einen Psalmtext, in dem von Weidenbäumen Babyloniens die Rede ist. Ursache für seine 'falsche' Benennung war ein Übersetzungsfehler Martin Luthers, der das hebräische Wort 'aravah' nur in seiner Bedeutung für Weide kannte. Gemeint war eigentlich die Euphrat-Pappel! Salix babylonica ist heute bei uns weitgehend verschwunden, da sie sehr frostempfindlich ist. Was wir vielerorts als Trauerweiden sehen, ist eine gezüchtete Form der *Silberweide (Salix alba 'Tristis')*.

Betzingen hatte gleich drei alte Exemplare zu bieten: Im Friedhof, auf der *Karlshöhe* und auf dem Sportplatz des TSV. Leider steht heute nur noch das erste, die beiden anderen wurden wegen Fäulnis abgesägt. Doch hat man sicher auf dem Sportgelände nicht mit der enormen Austriebskraft einer Weide gerechnet – jedenfalls legt der direkt daneben neu gepflanzte junge Bergahorn diesen Schluss nahe. Im Frühjahr 2004 hat der alte Stumpf bereits so stark ausgetrieben, dass schon bald eine gut zwei Meter hohe, kugelige 'Bodenkrone' entstanden ist. Ein vielstämmiger, neuer Baum könnte aus diesem Gebüsch durchaus noch werden – sofern die Verantwortlichen dies überhaupt zulassen.

Hängeweide
im Friedhof u. d. Linden,
Reutlingen

Reutlingen

Die Süntelbuche

Eiche in der Pomologie

Ein Höhenzug namens *Süntel,* nördlich von Hameln in Niedersachsen ist die Heimat der so genannten *Süntelbuche*, einer seltenen Varietät der Rotbuche. Ihr lateinischer Name lautet *Fagus sylvatica var. 'suntalensis'* (oder auch suenteliensis).

Bei dieser Sonderform, die in ihrem Ursprungsgebiet im 16. und 17. Jahrhundert noch kleinere, geschlossene Bestände bildete, wachsen die Äste seltsam verdreht, schlangengleich, ähnlich wie es heute von der Korkenzieherweide oder auch dem Korkenzieherhasel bekannt ist. Die Zweigspitzen hängen teilweise tief zur Erde herab, so dass um den Stamm herum ein freier Raum entsteht, der während der Vegetationsperiode von außen her kaum einsehbar ist.

Aus den Bucheckern der Süntelbuchen entstehen erstaunlicherweise zum größeren Teil ganz normale Rotbuchen. Auch dies mag, neben ihrer untergeordneten wirtschaftlichen Bedeutung und ihrem früheren schlechten Ruf als 'Hexenbäume' dazu geführt haben, dass diese ganz außergewöhnlichen Gestalten zeitweise fast ausgerottet waren.

Die berühmte *Tilly-Buche*, die noch bis 1994 auf einer Schafweide bei Raden/Niedersachsen stand, war vielleicht das größte und schönste Exemplar ihrer Art in Deutschland. Als Nachfolgerin gilt die gut 200-jährige Süntelbuche von Gremsheim. Meine Nummer 1 steht im Reutlinger *Pomologie-Park*, der zudem noch eine ganze Reihe weiterer, sehenswerter Bäume zu bieten hat, vor allem Linden, Kastanien und Eichen.

Süntelbuche
in der Pomologie

Reutlingen

Pappelriesen an der Echaz

Schwarzpappel an der Echaz

Tausende Autos fahren täglich an den stärksten *Schwarzpappeln* unserer gesamten Baumregion vorbei, ohne dass ihre Insassen überhaupt von ihnen Notiz nehmen. Nach starkem Rückschnitt im Jahr 2003 treiben die im Vergleich zu den gewaltigen Stämmen (im Umfang bis 6,10 Meter!) recht kurz gestutzten Kronen wieder gut aus. Die beiden riesigen Exemplare bei der *'Graffiti-Zelle'* an der Lindachstraße werden den Radikalschnitt sicher gut überstehen. Dass man sich hier für die aufwändige Lösung des Kronenschnitts entschieden hat und nicht für eine Fällung, spricht immerhin für die gute Konstitution der Bäume, aber auch für ihre hohe Resistenz gegenüber schadstoffhaltigen Emmissionen.

Sowohl originäre Schwarzpappeln als auch ihre Hybrid-Formen – und um solche handelt es sich hier – erreichen im Allgemeinen kein sehr hohes Alter. 250 Jahre sind schon eine sehr selten erreichte Lebenserwartung und unsere beiden Pappel-Riesen liegen trotz ihrer 'Leibesfülle' wohl noch deutlich unter 200 Jahren. Dafür wachsen sie mindestens doppelt so schnell wie die langlebigen Eichen, die in diesem Alter meist noch gar nicht auffallen. Andererseits schaffen es die Pappeln aufgrund ihres starken Austriebvermögens immer wieder, sich nach starken Beschädigungen (infolge Windbruchs oder Blitzschlags) neu aufzubauen.

Bei zwei weiteren, ca. 130-jährigen Hybrid-Pappeln im Reutlinger *Stadtgarten* wurden ebenfalls Kronenschnitte vorgenommen und zudem Halteseile angebracht.

Schwarzpappel
an der Echaz

Reutlingen

Reutlingens Rote Riesen

Blutbuche in der Krämerstraße

Der Name unseres mit Abstand häufigsten und wichtigsten Laubbaums, der *Rotbuche*, rührt im Wesentlichen von einer rötlichen Verfärbung des Holzes, die vom Vorgang des so genannten '*Dämpfens*' verursacht wird. Hierbei wird das Holz vor der eigentlichen Verarbeitung – vor allem um die Bildung von Rissen zu vermeiden – über einige Tage einer Behandlung mit heißem Wasserdampf unterzogen. Dadurch lässt sich das Werkstück auch biegen, wie es zum Beispiel für die Herstellung von Stühlen erforderlich ist. Die Oxidation gerbstoffhaltiger Bestandteile des Holzes führt dann zu der typischen Farbe des Buchenholzes.

Im Alter von 100 bis 120 Jahren setzt bei vielen Buchen durch eine geringere Holzfeuchte im Inneren des Stammes die bekannte '*Rotkernbildung*' ein. Hierbei dringt Luftsauerstoff ein und verfärbt die Zellinhaltsstoffe ebenfalls oxidativ. Dies ist ein Ausdruck von natürlich gewachsenem Holz, stellt also keineswegs einen Holzfehler dar. Auch die technologischen Eigenschaften des inneren Buchenholzes werden dadurch in keiner Weise beeinträchtigt. Bis vor wenigen Jahren konnte rotkerniges Buchenholz nur mit einem erheblichen Preisabschlag gegenüber dem hellen, 'normalen' Holz verkauft werden. Inzwischen ist es jedoch als Rohstoff für individuell gestaltetes und ausdrucksstarkes Möbelholz sehr beliebt.

Im Stadtbereich Reutlingens trifft man nicht selten auf prachtvolle Exemplare unserer häufigsten Kulturform, der *Blutbuche*.

Blutbuche in der Gartenstraße

Reutlingen

Monsieur Jean Robin…

Robinie in der Reutlinger Straße, Tübingen

…gilt als Entdecker und Namensgeber dieser ursprünglich nur im östlichen Nordamerika beheimateten Art aus der Familie der Schmetterlingsblütler. Der französische Botaniker brachte die *Robinie (Robinia pseudoacacia)*, auch als *Scheinakazie* bekannt, im Jahr 1601 von einer seiner Forschungsreisen nach Paris, wo sie wie kaum ein anderer Baum mit den Standortbedingungen zurecht kam. Da sie keine großen Ansprüche an die Nährstoffsituation des Bodens stellt, kältetolerant ist, auch mit erheblichen Schadstoffbelastungen unserer Großstädte fertig wird und sich ihr Holz zudem als besonders fest und haltbar erweist, nimmt es nicht Wunder, dass sie sich schnell viele Freunde gemacht und weite Verbreitung gefunden hat.

Die Bearbeitbarkeit des Holzes erhält in allen Teilbereichen gute Bewertungen, man schaue sich einmal das 'Zeugnis' der Robinie im Holzartenlexikon (www.holz.de) an! Obwohl die Scheinakazie auch als wichtige Bienenweide gilt – sie liefert den begehrten Akazienhonig – birgt ihre Anpflanzung auf mageren Standorten auch ökologische Risiken, da sie empfindliche und seltene Pflanzenarten (z. B. Orchideen) durch ihre Stickstoffanreicherung im Boden verdrängen kann.

In voller Blüte sind Robinien im Frühling ein wunderbarer Anblick! Die schönsten Bäume stehen auf dem Parkplatz St.-Peter-Straße beim Reutlinger Friedhof unter den Linden. Die Tübinger kennen vielleicht am besten die Robinie an der *Kiliansbrücke* (beim Schwärzlocher Hof) und die in der *Reutlinger Straße*.

Robinien
am Parkplatz
Friedhof u. d. Linden

Reutlingen

Kastanien unter den Linden

Rosskastanie im Friedhof u. d. Linden

Der Reutlinger Friedhof *Unter den Linden* ist eine wahre Fundgrube für Baumliebhaber! Auffällig schöne Baumgestalten sind hier gleich dutzendweise vorhanden, vor allem die *Eschen* erreichen beachtliche Ausmaße, ebenso einige sehr alte *Weiden* sowie *Pyramidenpappel*, *Blutbuche*, *Bergahorn* und *Birke*.

Und nicht zu vergessen: Zwei besonders starke *Rosskastanien*. In der nordwestlichen Ecke, direkt beim Grab der Familie Carl Gminder (1870 – 1955), ein prächtig entwickeltes Exemplar mit 3,4 Metern Stammumfang (S. 279). Übertroffen wird es noch deutlich von einem Riesen mit hochgewölbter Krone und einem Stamm, dessen Umfang bereits jenseits der 4-Meter-Marke liegt (Bild links). Der direkt an der Südmauer stehende Baum konnte allerdings seine Äste nie so ungehindert ausbreiten wie sein Artgenosse in der Burgstraße, so dass seine wirkliche Größe vor allem im Sommerhalbjahr erst auf den zweiten Blick zur Geltung kommt.

Die meisten unserer großen *Bäume des Jahres 2005* gehören zur weißblühenden Variante und sind damit ein 'gefundenes Fressen' für die bereits erwähnte *Miniermotte*, deren Larve in den Blättern minenartige Gänge gräbt und an der Oberfläche weißliche Flecken hinterlässt.

Die rotblühende Art *(Aesculus x carnea)*, die aus einer Kreuzung der Rosskastanie mit der amerikanischen Roten Kastanie entstand, scheint derzeit noch nicht betroffen zu sein. Bis jetzt wurde, abgesehen vom Beseitigen des abgefallenen Laubes, leider noch kein wirksames Gegenmittel gefunden.

Rosskastanie
im Friedhof
u. d. Linden

Reutlingen

Blätter der Flaumeiche

Die Zerreiche

Seit dem Ende der letzten Eiszeit vor ca. 12.000 Jahren gelten *Stiel-* und *Traubeneichen* als einzig verbliebene, bei uns heimische Arten der Gattung *Quercus*. Erst in jüngster Zeit werden auch einige der zahlreichen nordamerikanischen Eichenarten, vor allem die schnell wachsende *Roteiche*, seltener auch *Scharlach-* und *Sumpfeiche*, angepflanzt. Erkennbar sind sie alle an den spitz zulaufenden Blattzipfeln und ihrer meist prächtig roten Herbstfärbung.

Die im Mittelmeer beheimateten Eichenarten sind bei uns aufgrund ihrer klimatischen Standort-Ansprüche noch seltener vertreten. Ihr Vorkommen ist nördlich der Alpen auf wärmebegünstigte Gebiete beschränkt, zu denen unser Neckarland ja durchaus noch zu rechnen ist. So trifft man hin und wieder auch hierzulande auf die *Flaumeiche* mit ihren bräunlichen, dicht flaumhaarigen Trieben. Neben ihr und der bekannten sommergrünen *Korkeiche* zählt vor allem die *Zerreiche* zu den wichtigsten Eichenarten Südeuropas. Sie ist am besten an ihren Eicheln zu erkennen, die etwa zur Hälfte von einem breiten, wolligen Becher eingehüllt werden. Im Winter sind die neuen, eiförmigen Knospen von Haarbüscheln umgeben.

Die *Zerreiche (Quercus cerris)* ist eine Baumart, die aufgrund der tiefreichenden Wurzeln für sehr trockene, kalkhaltige Böden, auch für innerstädtische Standorte gut geeignet ist. Dennoch findet sich leider nur im Reutlinger Stadtgarten ein besonders stattliches Exemplar dieser seltenen Art.

Zerreiche
im Stadtgarten

Reutlingen

Baumhasel im Stadtgarten

Der Riesenhaselbaum

Jeder kennt die oft bolzgerade wachsenden und biegsamen Ruten, unseres *Haselnuss-Strauchs (Corylus avellana)* aus denen sich so trefflich Wanderstock und Waldflöte schnitzen lassen.

Doch wer weiß schon, dass sein in Südosteuropa und der Türkei beheimateter Verwandter *Corylus colurna* sich zu wahrhaft riesigen Bäumen auswachsen kann? Zugegeben, dieser Fall tritt nur äußerst selten ein, zumal der *Baumhasel* oder auch *Türkische Hasel* bei uns nur gelegentlich angepflanzt vorkommt.

Viele werden vielleicht auch überrascht sein, zu hören, dass die Früchte des Haselstrauchs durchaus zu den Nussfrüchten gezählt werden, nicht aber diejenigen des *Nussbaums (Juglans regia)*. Walnüsse gelten aus botanischer Sicht als Steinfrüchte, ebenso wie Kirschen, Pflaumen oder Pfirsiche, da sie von einer weichen Hülle umgeben sind. Bei den echten Nussfrüchten, zum Beispiel Bucheckern, Pistazien oder Paranüssen, verholzen auch die äußeren Teile der Fruchtwand. Übrigens: Die Erdnuss ist ebenfalls keine Nuss, sondern eine Hülsenfrucht, wie die Erbse, Bohne oder Linse!

Aber zurück zu unseren Baumhaselriesen: Zwei recht ansehnliche Exemplare stehen an der Nordseite des Parks um den *Tübinger Anlagensee* und im *Reutlinger Stadtgarten* ist ein Baumhasel von wirklich überragender Größe zu bewundern. Die mit mehreren Seilen verspannte Krone von gut 30 Metern Höhe ist auch überregional kaum zu schlagen und die drei Stämme haben einen Gesamtumfang von 4,20 Metern!

Baumhasel
im Stadtgarten

Reutlingen

Rosskastanie in der Silberburgstraße

Der schöne Hippo

Sant' Alfio ist ein kleiner Ort auf Sizilien, der mit einem Weltrekord aufwarten kann: Hier wachsen die mächtigsten Kastanienbäume der Erde! Ihre Stämme haben Umfänge bis zu 25 Meter und unter der Krone des stärksten hat der französische Fotograf Jerome Koechlin vor einigen Jahren die gesamte Einwohnerschaft des Dorfes versammelt – und das waren immerhin rund 500 Personen! Ob das wohl wahr ist?

Wenn man bedenkt, dass sich bei uns ein Baum mit fünf Metern, Umfang schon deutlich von einem mit vier Meter unterscheidet und dieser wiederum ebenso deutlich von einem der Drei-Meter-Klasse, dann ist eine solche Größenordnung schon kaum mehr vorstellbar.

Ohnehin sollten wir unsere Bäume nicht in ihrer Relation zu solchen Maßstäben betrachten. Schon die bei uns recht zahlreichen Drei-Meter-Kastanien, wie etwa die in Reutlingens *Silberburgstraße* oder rund um die *Achalm* sind, so gesehen, überaus große und prächtige Exemplare.

Absolut herausragend und erste Anwärterin auf den Titel *'Schönste Kastanie der Region'* ist aber das im Vorgarten der Reutlinger Burgstraße stehende Baumdenkmal. Seine weit ausladenden Äste bilden mit 23 Metern Durchmesser eine deutlich breitere Krone als dies bei Rosskastanien *(Aesculus hippocastanum)* im Allgemeinen der Fall ist und dennoch wird sie von ihrer Höhe noch übertroffen. Die wunderschöne Gesamtform und der typische leicht verdrehte 4-Meter-Stamm sind immer wieder ein Fest fürs Auge.

Rosskastanie
in der Burgstraße

Reutlingen

Am Scheibengipfel

Feldahorn auf dem Scheibenberg

Der 534 Meter hohe, der *Achalm* vorgelagerte *Scheibenberg* war schon in vorkeltischer Zeit (etwa 6.-10. Jahrhundert v. Chr.) ein Siedlungsplatz, wie die Reste eines Grabhügelfeldes belegen. Heute ist er als Standort eines 7000 m^3 großen Hochbehälters der Bodensee-Wasserversorgung und eines UKW-Sendemasts bekannt. In die Schlagzeilen geraten ist der Scheibengipfel im Jahr 2003 durch die Entscheidung des Reutlinger und Eninger Gemeinderats, zur Verkehrsentlastung der Oststadt einen zwei Kilometer langen und über 140 Millionen Euro teuren Tunnel unter den Berg hindurch zu führen.

Auch in botanischer Hinsicht hat die flache Kuppe des Scheibenbergs einiges zu bieten: Wer die steile Sommerhaldensteige herauf kommt, trifft kurz vor Erreichen der Höhe auf einen markanten *Feldahorn (Acer campestre)*, der sich scheinbar auf einem alten Grenzstein abstützt. Obwohl sein zweiter Stamm komplett abgenommen wurde, ist er bei uns noch immer der stärkste Baum seiner Art, sein Alter dürfte bei deutlich über 100 Jahren liegen. Am leichtesten erkennbar ist der Feldahorn übrigens an seinen Flügelfrüchten, die sich in gerader Linie gegenüber stehen, während sie bei allen anderen Ahornarten einen mehr oder weniger großen Winkel bilden.

Etwas unterhalb fallen einige *Linden* auf, die, mit einer Ausnahme, alle mehrstämmig gewachsen und nach ebenfalls gut 100 Jahren heute zu imposanter Größe entwickelt sind. Auf dem Gipfel selbst stehen einige große *Rosskastanien* und *Robinien*.

Linde
auf dem
Scheibenberg

Reutlingen

287

Gipfelpyramiden

Pyramidenpappel auf dem Scheibenberg

Die *Pyramidenpappel (Populus nigra 'Italica')* hat sich in Oberitalien aus gewöhnlichen Schwarzpappeln durch natürliche Mutation entwickelt und wird seit etwa 250 Jahren auch bei uns angepflanzt. Der schnell wachsende Baum mit seiner auffallenden Wuchsform hatte es auch schon Napoleon angetan, der sie in langen Reihen entlang der Heeresstraßen anpflanzen ließ. Neben dieser eher militärischen Funktion der schnellen Orientierung hatte der Baum aber vor allem die Aufgabe des Windschutzes zu übernehmen. Auch im innerstädtischen Bereich sind immer wieder Pyramidenpappeln anzutreffen, da sie die Verkehrsbelastung relativ gut ertragen.

In Tübingen musste die bekannte *Haagtor-Pappel*, die im Jahre 1840 gepflanzt wurde, 1996 leider wegen Fäulnis gefällt werden. Die zuständige Stadtgärtnerei musste damals zahlreiche, teils erboste Anrufe der Einwohnerschaft entgegennehmen, was immerhin zeigt, dass den Bürgern ein so herausragender Baum doch ans Herz gewachsen war.

Sicher wird es den Reutlingern nicht anders ergehen, wenn eines Tages die schlanken Säulen fehlen, die heute noch vom *Scheibengipfel* herabschauen. Kein anderer Baum besitzt einen derart verworrenen und doch gleichförmig ausgerichteten Astwuchs wie die Pyramidenpappel – was natürlich auch ihren besonderen Reiz ausmacht.

Und so bleibt zu hoffen, dass die drei vielleicht 120-jährigen Exemplare am Sommerhalde-Abstieg noch lange Bestand haben werden.

Pyramidenpappel
auf dem
Scheibenberg

Reutlingen

Die Alten Obstler

Birnbaum auf dem Scheibenberg

Die lateinischen Begriffe für Baum *(pirus)* und Frucht *(pira)* führten zum botanischen Namen unserer *Wildbirne (Pyrus pyraster)*, die als eine der Stammformen unserer vielen Kultursorten in Mitteleuropa von den Auwäldern der Flußebenen bis in Mittelgebirgshöhen von ca. 1500 Metern vorkommt.

Der kleine, frostempfindliche Baum liebt warme und nährstoffreiche Standorte und, da seine Früchte ähnlich wie diejenigen seines Verwandten, des *Speierlings*, für uns Menschen erst bei hoher Reife halbwegs genießbar sind, ist der *Baum des Jahres 1998* leider eher selten anzutreffen. Auch für die Herstellung von Most, Wein oder Branntweinen eignen sich seine teigigen Früchte wenig. Für die Fauna – vor allem Insekten, Schalenwild und Hasen – hat die Wildbirne dort, wo sie vorkommt, durchaus noch eine Bedeutung als Futterpflanze.

Direkt am Parkplatz des *Scheibenbergs* – mit herrlichem Blick zur Achalm und über Reutlingen – steht eine Reihe sehr alter und starker Birnbäume (allerdings nicht die Wildform). In der Naturschutz-Verordnung des Landkreises Reutlingen werden diese als *„Relikte einer früheren Kulturlandschaft"* beschrieben und sollten deshalb unbedingt erhalten werden.

Doch schon auf den ersten Blick ist klar, dass die vielleicht 200-jährigen Baumgreise den Stürmen und der Fäulnis wohl nicht mehr allzu lange werden trotzen können. Ein umgestürztes Exemplar und zahlreiche abgebrochene Äste kündigen schon ein baldiges Ende dieser imposanten 'Alten Obstler' an.

Birnbäume
auf dem
Scheibenberg

Reutlingen

Die Achalm

Bergahorn an der Achalm

Der Reutlinger Hausberg gilt für viele auswärtige Besucher aufgrund seiner Kegelform als ehemaliger Vulkan (zugegeben: auch so mancher Einheimische ist noch dieser Meinung!). Tatsächlich handelt es sich jedoch um einen so genannten *'Zeugenberg'* der Schwäbischen Alb, der davon zeugt, dass die Traufkante vor Jahrmillionen erheblich weiter nördlich gelegen war. Die *Achalm* wurde von mehreren Echaz-Zuflüssen, insbesondere dem Arbach-System, aus dieser Traufkante des Weißen Jura kreisförmig herausgearbeitet.

Die Siedlungsgeschichte im Bereich des Berges reicht mindestens bis in die Eisenzeit zurück. Dies belegen zahlreiche ur- und frühgeschichtliche Fundstücke aus dem 10. bis 4. Jh. v. Chr. wie z. B. Keramiken, Nadeln, Webgewichte oder Perlen. Diese wurden im Bereich des *Rappenplatzes* gefunden, einer Verebnungsfläche am Osthang des Berges, wo sich darüber hinaus Reste von keltischen Wohngebäuden aus Holz, Flechtwerk und Lehm im Erdboden erhalten haben.

Im Mittelalter trug der Gipfel eine Burganlage, die schon im 11. Jahrhundert von den Grafen Egino und Rudolf erbaut wurde. Sie zerfiel allerdings schon im 15. Jh. und spätestens im Dreißigjährigen Krieg waren nur noch Reste der Mauer und des Bergfrieds übrig, der dann 1838 wieder errichtet wurde und heute noch als Aussichtsturm dient.

Der Baumfreund wird sich mindestens ebenso sehr für die prächtigen alten *Bergahorne*, *Eschen* und *Rosskastanien* interessieren, die am Berg stehen.

Esche
an der Achalm

Reutlingen

Reutlinger Nordland

Sequoia Im Märkle

Holztafel beim Mammutbaum Im Märkle

Der *Riesen-Mammutbaum*, lateinisch *Sequoia gigantea*, erhielt seinen Namen nach dem Irokesen-Indianer Se-quo-yah, der als erster bei seinem Volk die Schrift einführte. An den Hängen der Sierra Nevada wurde diese Baumart erst um die Mitte des 19. Jahrhunderts entdeckt und da man annahm, so große Bäume müssten auch große und schwere Samen haben, bestellte man zur Aussaat in den königlichen Gärten Wilhelms I. gleich ein ganzes Pfund. Tatsächlich sind die Samen des Sequoia gigantea aber geradezu winzig, so dass im Jahre 1864 etwa 100.000 von ihnen in Stuttgart eintrafen.

Diesem glücklichen Umstand haben wir es zu verdanken, dass die exotischen Riesen auch bei uns im Ländle verstreut vorkommen, wobei eine natürliche Vermehrung allerdings so gut wie unmöglich sein dürfte: Die Zapfen öffnen sich nämlich erst unter der Hitzeeinwirkung eines Waldbrandes! Einen solchen überstehen die Sequoias durchaus, denn die bis zu 50 cm dicke Borke ist zwar weich und langfaserig, stellt aber einen erstaunlich guten Schutz gegen die Flammen dar.

Der wahrscheinlich höchste Baum unseres Raumes steht nordöstlich des Reutlinger Stadtteils Sondelfingen *Im Märkle*. Im Jahre 1902 gepflanzt, weist er heute eine Höhe von immerhin 45 Metern auf und ungefähr genauso viele Festmeter Holzinhalt umschließt seine Borke. Um seinen gewaltigen Stamm zu umfassen, müssen sich schon vier Erwachsene an den Händen fassen. Wie wird er wohl in hundert Jahren aussehen?

Mammutbaum
Im Märkle

Reutlingen-Sondelfingen

297

Die Spielplatz-Linde

Linde
auf dem Spielplatz

Die Reutlinger Nordraum-Gemeinden haben vor allen anderen einige bemerkenswerte alte Lindenbäume zu bieten. Die mit ihren 6,20 Metern Stammumfang, zusammen mit dern *Oferdinger Linde*, dickste von allen ist die 1825 gepflanzte *Linde beim Spielplatz* am östlichen Ortsende von *Rommelsbach*.

Das einzige Naturdenkmal der Gemeinde wurde zwar im Jahre 1981 unter anderem durch eine starke Reduzierung der Krone saniert – damaliger Kostenpunkt: 20.000 DM – doch macht ihm heute der Brandkrustenpilz derart schwer zu schaffen, dass die Zukunft dieses gewaltigen Veteranen wohl nur noch nach Jahren, denn nach Jahrzehnten bemessen werden kann.

Der weitgehend hohle Stamm zeigt nach außen mehrere große Öffnungen, die schon damals mit Metallgittern verschlossen wurden. Unter besonders günstigen Bedingungen kann ein Baum entlang dieser künstlichen Verbindung eine neue Borke bilden und die Öffnung allmählich wieder überwallen. Die Bilder vom Mai 1990 (Seite 299) und April 2002 (links) zeigen allerdings, dass dies hier nicht gelungen ist. Im Gegenteil, der sich im Inneren ausbreitende Pilz hat im Laufe der letzten Jahre zu irreparablen Schäden geführt.

Im Juni 2003 entschloss sich der örtliche Gemeinderat, den Baum mit einem begrünten Zaun zu umgeben, um spielende Kinder vor herabstürzenden Ästen zu schützen. Auf diese Weise wird der alten Linde wenigstens ein würdevolles Sterben ermöglicht.

Linde
auf dem Spielplatz

Reutlingen-
Rommelsbach

In Degerschlacht

Zwei Schnurbäume im Kindergarten

Nachdem schon ein Jahr zuvor Bronnweiler, Gönningen, Oferdingen und Reicheneck als neue Reutlinger Stadtbezirke eingegliedert wurden, war es am 1. 1. 1972 auch für Degerschlacht, Altenburg und Sickenhausen mit der Eigenständigkeit vorbei. Rommelsbach und Mittelstadt folgten zwei bzw. drei Jahre später.

Wie in den meisten anderen Nordraum-Gemeinden gibt es auch im Stadtbezirk Degerschlacht einige markante Bäume, die mit dem Ortsbild fest verbunden sind. Am bekanntesten ist wahrscheinlich eine etwa 90-jährige *Rosskastanie*, die im Ortszentrum zusammen mit der ev. Petruskirche eine harmonische Einheit bildet und schon so etwas wie ein Wahrzeichen der Gemeinde darstellt. Ihre volle, kugelförmige Krone ist seilgesichert und noch ziemlich unbeschädigt. Gleich gegenüber, im Städtischen Kindergarten, fällt ein merkwürdiges Baumgebilde auf: Es sind zwei noch junge *Schnurbäume (Sophora japonica)*, die hier in ganz ungewöhnlicher Weise an mehreren Stellen zusammengewachsen sind.

Der größte und schönste Baum Degerschlachts aber ist wieder einmal eine *Winterlinde*! In der Schwindstraße steht das gute Stück, auf städtischem Grund, und ist ebenfalls ein Naturdenkmal. Wie eine An-wohnerin erzählt, habe der gut 130-jährige Baum im Frühjahr 2004 *'geblüht wie noch nie'*, es sei eine wahre Freude gewesen. Die schöne 18-Meter-Krone ist mit Seilen gesichert, die aus den Maserknollen treibenden Wasserreiser werden alljährlich entfernt, das gefallene Laub abgeholt.

Linde in der Schwindstraße

Reutlingen-Degerschlacht

Linde auf dem Sportgelände

Reutlingen-Sickenhausen

Die festliche Linde

Im Jahr 1871 wurde auch auf einem kleinen Hügel außerhalb des heutigen Reutlinger Stadtteils *Sickenhausen* eine *Friedenslinde* gepflanzt. Die mittlerweile 137-jährige Winterlinde beim Sportgelände hat sich dann schnell zu einem der prächtigsten Bäume des gesamten Umlandes entwickelt. Ihre sehr breit ausladende Krone bot sich förmlich als Festplatz für die Gemeindebewohner an und so stand auch in einem Zeitungsbericht vom Januar 2003 zu lesen: *„Ob Jazz unter der Linde, Gottesdienst im Grünen oder das stadtbekannte Eröffnungsspektakel beim Ferienprogramm: bis heute ist das Prachtexemplar eindrucksvolle Kulisse für Sickenhäuser Feierlichkeiten geblieben."*
Leider zeigte dann eine eingehende Untersuchung starken Pilzbefall und mittlerweile vorhandene Hohlräume. Einige Äste brachen ab und so entschloss man sich, die Linde mit einer weiträumigen und begrünten Umzäunung zu versehen. Eine sicher für beide Seiten optimale Lösung, denn der Betrieb zu ihren Füßen stellte auch für die Festlinde eine Belastung dar, während ihre herabstürzenden Äste für die Menschen eine zunehmende Gefahr bedeuteten.

Heute entfaltet der optisch weit älter aussehende Solitärbaum mit seinem mächtigen und mit vielen dicken Maserknollen bedeckten Stamm eine Ausstrahlung ganz eigener Art.

Linde auf dem Sportgelände

Reutlingen-Sickenhausen

Die Haldenlinde

Haldenlinde

Wer von der Altenburger Mainstraße her auf die an der Ungerhalde stehende *Winterlinde* zugeht und zunächst noch froh ist, sie in relativ dicht belaubtem Zustand vorzufinden, kann sich eines "Oh Gott!" kaum erwehren, wenn er sie von der Talseite aus sieht: Gut vier Meter hoch klafft der Stamm auseinander! Ein schon vor vielen Jahren abschlitzender Großast mag dies verursacht haben.

Der Stamm wurde gründlich ausgeräumt, mit Wundharz ausgestrichen, die Ränder mit mehreren Eisenstangen quer verbunden und die riesige Öffnung schließlich mit Drahtgitter überdeckt. Die wulstigen Ränder zeigen auch, dass der schwer verwundete Baumpatient kräftig daran arbeitet, diesen offenen Stamm wieder zu verschließen. Da diese Ränder aber zwischen 50 und 70 cm auseinander liegen, dürfte dies wohl nicht mehr gelingen. Die überall präsenten Pilze werden ihr Zerstörungswerk zwar in etwas gebremstem Tempo vorantreiben, doch ob dem Baum die für eine Heilung erforderlichen Jahrzehnte verbleiben, ist doch sehr fraglich.

Erstaunlich, dass die rückwärtige Seite des etwa 160-jährigen Naturdenkmals überhaupt noch so komplett und bis in alle Astspitzen belaubt wirkt. Dies zeigt, dass die Versorgung der Krone eben größtenteils über die Außenbezirke verläuft. Auch die Stabiltät, die viele alte Baumveteranen trotz eines weitgehend hohlen Stammes noch immer aufweisen, setzt mich immer wieder in Erstaunen.

Haldenlinde

Reutlingen-
Altenburg

305

Die Oferdinger Linden

Linde an der Pliezhäuser Straße

Im Ortsbereich des Reutlinger Stadtteils *Oferdingen* steht an der Pliezhäuser Straße eine bemerkenswerte *Linde*. 1871 gepflanzt, zählt auch sie zur gar nicht mal so kleinen Riege der Friedenslinden, von denen wir schon einige andere kennen gelernt haben. Sie wird alle zehn Jahre baumchirurgisch behandelt, einige Entwässerungsröhrchen sollen der Fäulnisgefahr in den Hohlräumen des 3,5-Meter-Stammes entgegenwirken. Trotz der zahlreichen starken Äste, die nach allen Seiten abzweigen, ist die zentrale Achse bis weit hinauf zu verfolgen. So hat sich eine imposante, hochragende Krone entwickelt, die bis heute – auch dank der eingebrachten Halteseile – von Sturmschäden weitgehend verschont geblieben ist.

Wer Oferdingen südwärts verlässt, wird an der L 378 nach Rommelsbach die mächtigste Linde unserer Region kaum übersehen. Obwohl alle Hauptäste an den Enden gekappt sind, erreicht die riesige Krone noch 23 Meter Durchmesser. Dass sie die Stürme von 1990 und 1999 nahezu unbeschadet überstanden hat, grenzt, angesichts ihrer freien Lage, fast an ein Wunder. Von allen 'unseren' Linden hat sie mit 6,20 Meter den stärksten Stamm, obwohl sie mit vielleicht 180 Jahren keineswegs zu den ganz alten Exemplaren zählt. Der Stamm weist zwar an einigen Stellen Hohlräume auf, wirkt aber dennoch sehr kompakt und vollholzig.

Ein benachbarter, ehemals ähnlich großer Altbaum steht heute nicht mehr, an gleicher Stelle wurde aber eine junge Linde nachgepflanzt.

Linde
an der L 378

Reutlingen-Oferdingen

Am Zwei-Eichen-Turm

Trauben-Eiche am Zwei-Eichen-Turm

Der im Jahre 1930 oberhalb des älteren Ortsteils von *Pliezhausen* und somit hoch über dem Neckartal erbaute *Zwei-Eichen-Turm* ist für jeden Baumfreund ein interessantes Ausflugsziel. Rund um den weiß leuchtenden Turm stehen im oberen Teil des Areals vier besonders starke *Birken*, deren ebenso weiße Rinde sich im unteren Stammbereich altersbedingt in eine tief rissige, grobe und fast schwarze Borke verwandelt hat. Ein *Feldahorn* von beträchtlicher Größe und eine schöne *Hainbuche* haben sich dazu gesellt.

Am Übergang zum unteren Teil, dem Spielplatz, fällt eine große *Traubeneiche (Quercus petraea)* auf, deren lockere Krone zwar weitgehend erhalten, aber bereits mit zahlreichen dürren Ästen durchsetzt ist. Ihre ungewöhnlich breiten Blätter sind selbst für eine Traubeneiche nur wenig tief gebuchtet. Zur Erinnerung: Die Eicheln sitzen hier zu mehreren 'traubig' und ohne Stiel am Zweig - dafür sind die Blätter gestielt.

Der Spielplatz selbst wird von einer alten, knorrigen *Stieleiche (Quercus robur)* beherrscht – bei ihr haben nicht die Blätter, sondern die Früchte einen Stiel. Ihre Krone wird durch verschiedene Verspannungen gesichert und die beiden zentralen Stämmlinge, die die Charakteristik dieses vielleicht 300-jährigen Oldies ausmachen, sind zusätzlich durch eine Konstruktion aus Holz und Metall miteinander verbunden. Ein weiterer Hauptast im unteren Teil ist schon vor langer Zeit abgebrochen und hat eine riesige, offene Wunde hinterlassen.

Stieleiche
am Zwei-Eichen-Turm

Pliezhausen

Genügsame Eroberer

Der Farbstoff Betulin verhilft der Birke zu ihrer weißen Rinde

Die schlanken und mit ihrer weißen Borke strahlend schönen *Birken* gelten als die Urbesiedler des Waldlandes schlechthin. Auf den weiten Hochflächen des Schönbuchs, die durch Windbruch entstanden sind, ist kein Baum früher und zahlreicher vertreten als die *Weiß- oder Hängebirke (Betula pendula)*. Der Erfolg dieses Pionierbaums gründet sich wohl in erster Linie auf der immensen Anzahl seiner kleinen Früchte, die in den weiblichen Kätzchen heranreifen. Schon ein einziger dieser Fruchtstände enthält mehrere hundert der geflügelten Samen, die mit dem Wind über große Entfernungen transportiert werden können. Bei einem großen Baum summiert sich das schnell auf viele Millionen! Die weite Verbreitung in fast ganz Europa geht aber auch auf ihre Widerstandsfähigkeit gegenüber harten klimatischen Bedingungen und auf ihre Anspruchslosigkeit in Bezug auf die Bodenverhältnisse zurück. Andererseits werden die Birken, nachdem sie den 'Boden' für den aufkommenden Wald bereitet ha-ben, auch relativ schnell von konkurrenzstärkeren Arten verdrängt. Ihre Lebensspanne ist also vergleichsweise kurz; über 100-jährige Birken wird man selten antreffen. Somit sind auch den Maßen ihres Stammumfangs enge Grenzen ge-setzt, zwei Meter gelten schon als sehr respektabel.

Zu den schönsten und größten Hängebirken zählen die beiden Exemplare auf dem Häslacher Friedhof und auf dem Spielplatz der nahe gelegenen Römerweg-Schule.

Birke
auf dem Friedhof

Walddorfhäslach

311

Sulz-Eiche

Walddorfhäslach

Die Sulz-Eiche

Am nördlichen Rand des Reutlinger Landkreises, Gemarkung *Walddorfhäslach* und am Saum des Naturparks Schönbuch, steht seit etwa 450 Jahren eines unserer 'Sieben Baumwunder'. Die *Sulz-Eiche* ist sicher die schönste, freistehende Stieleiche der gesamten Neckar-Alb-Region. Ihr gewaltiger Stamm – 6,20 Meter im Umfang – mit den herrlich herausziehenden Anläufen der Wurzeln verjüngt sich auf den ersten sechs, sieben Metern kaum. Dies ist insofern bemerkenswert, als hier schon einige sehr starke Äste abgehen, die auf der waldabgewandten Südseite bis zu 14 Meter weit ausgreifen. Erst danach folgt eine Teilung in zwei Hauptachsen, die sich dann ihrerseits wieder enorm vielastig aufteilen. Die 25 Meter durchmessende und tief angesetzte Krone macht trotz zahlreicher Astverluste eine so dicht verzweigte und kompakte Figur, wie sie keine zweite Eiche bei uns aufweisen kann.

Auf der dem Wald zugewandten Seite brach vor vielen Jahren der erste Starkast heraus und hinterließ eine große, bis heute offene Wunde. Hier hat sich das Holz längst zu dunklem Moder zersetzt, der – wie die schwärzliche, am Stamm herablaufende Spur verrät – bei starken Regengüssen immer wieder herausgespült wird.

Sulz-Eiche

Walddorf-häslach

Der Baum
ein Wunderwerk der Natur

Wenn wir heute staunend vor einem Baumriesen stehen, sollten wir dies nicht nur seiner bloßen Größe oder seines Alters wegen tun, sondern auch im Bewusstsein seiner Entwicklungsgeschichte und seiner Leistungen, denen schließlich unter anderem auch wir Menschen bis heute unsere Existenz verdanken.

Nachdem wir die Prachtexemplare unserer heimatlichen Bäume kennen gelernt haben, sollten wir uns ein wenig Zeit nehmen für eine allgemeine biologisch-botanische Betrachtung – frei nach dem Motto: „Wat is'n en Dampfmaschin?"

Manches aus der erwähnten Entwicklungsgeschichte oder auch vom Bauplan eines Baumes, seinen Anpassungsmöglichkeiten an die unterschiedlichsten Umweltbedingungen und seine Einbindung in den Kreislauf der Natur haben wir in der Schule gelernt – und dann allmählich vergessen. Oder könnten Sie auf Anhieb die Begriffe 'Kambium', 'Transpirationssog', 'Epidermis' oder gar 'Photosynthese' wirklich erklären?

Wenn ja, dann ziehe ich den Hut und Sie dürfen das Buch jetzt zuklappen. Wenn nein, dann sollten Sie diesen kleinen Auffrischungskurs zum Thema Baumkunde nicht versäumen.

Wie entstand der Baum?

Wie beim tierischen Leben begann auch bei den Pflanzen alles im Meer: Aus heute längst ausgestorbenen Grünalgen entstanden vor etwa 400 Millionen Jahren die ersten Landpflanzen, die so genannten *Urfarne*.

Zu ihnen gehörte auch die in Schottland als Fossil gefundene Ur-Landpflanze 'Rhynia', ein kaum 50 cm hohes, binsenähnliches Gewächs, das zwar noch keine Blätter, aber immerhin schon eine mit einer Wurzel vergleichbare Verankerung in der Erde vorweisen konnte.

40 Millionen Jahre später war die Evolution bereits einen großen Schritt vorangekommen und aus den kleinen Urfarnen waren mächtige *Farnbäume* entstanden, die über weite Gebiete verbreitet waren.

Im nun bald folgenden Steinkohle-Zeitalter, dem Karbon, waren neben den Farnen auch die *Bärlappgewächse* mit ihren Sigel- und Schuppenbäumen, die bis zu 40 Meter hoch und 5 Meter dick werden konnten sowie auch die *Schachtel-*

halmgewächse (bis zu 30 Meter hoch und 1 Meter im Durchmesser!) am Aufbau der riesigen Steinkohle-Wälder beteiligt.

Ein wichtiges Unterscheidungsmerkmal der verschiedenen Pflanzengruppen ist die Art ihrer *Fortpflanzung*. Während hier bei Moosen, Bärlappen, Schachtelhalmen und Farnen das Ur-Element Wasser immer noch eine tragende Rolle spielt (Achtung: Beim Farn besorgt der Wind nur die Freisetzung der Sporen und deren Verteilung, die eigentliche Befruchtung findet auf dem Wasserweg statt, nämlich bei Regenwetter!), haben es die 'modernen' *Samenpflanzen* geschafft, die Befruchtung völlig unabhängig vom Vorhandensein von Wasser zu gestalten.

Damit war der entscheidende Schritt für den Siegeszug der Samenpflanzen getan. Mit ca. 227.000 Arten stellen sie die mit Abstand bedeutendste Pflanzengruppe der Erde dar. Zum Vergleich: Bei den Schachtelhalmen gibt es weltweit nur 32 Arten, bei den Bärlappen sind es ca. 1.000 und bei den Farnen immerhin rund 10.000. Innerhalb der Samenpflanzen müssen wir nun erneut differenzieren: Die sehr viel kleinere (insgesamt ca. 800 Arten) und sehr viel ältere Gruppe (Entstehung vor etwa 300 Millionen Jahren) sind Pflanzen, bei denen der Same offen (= nackt) auf einem Fruchtblatt liegt. Dies sind die so genannten *Nacktsamer*, zu denen die Koniferen (Fichten, Tannen, Kiefern, Lärchen, Douglasien, Mammutbäume und einige weitere Gattungen), die Eibengewächse (bei uns nur die Eibe selbst), sowie der aus China stammende Ginkgobaum zählen. Letzterer ist als einzig Überlebender einer verwandten Gruppe, quasi als lebendes Fossil, heute wieder häufiger in Parks und Gärten anzutreffen.

Nun haben wir immerhin schon alle unsere Nadelbäume einsortiert, aber das sind ja erst 800 Arten weltweit (genau genommen sind es nur etwa 600; die restlichen 200 sind *Palmfarne*, die wir hier mal 'unter den Tisch' fallen lassen). Was ist mit den verbleibenden 226.200? Wenn wir vorhin von den Nacktsamern gesprochen haben, dann dürfte es ja auch … richtig: die *Bedecktsamer* geben, bei denen der Same überall von Fruchtblättern umgeben ist, die dann zusammen den Fruchtknoten bilden. Die Evolution brauchte noch einmal 150 Millionen Jahre, bis dieses Erfolgsmodell in einer nie da gewesenen Artenvielfalt die Erde eroberte. Natürlich sind 226.200 Arten ein wenig unübersichtlich, aber keine Sorge: Bei der in der Botanik wie nirgends sonst verbreiteten Tugend, Ordnung und Übersicht zu behalten, setzt sich jetzt eine ausgeklügelte Systematik fort, die von gemeinsamen bzw. unterschiedlichen Merkmalen jeder Pflanze ausgeht. Die Basis dazu lieferte der berühmte schwedische Arzt und Naturforscher Carl von Linné (1707–1778), indem er das so genannte *Biologische*

System entwickelte, das die Verwandtschaftsbeziehungen aller Tier- und Pflanzenarten genau definiert.

Um zu unseren Laubbäumen zu gelangen, genügt es allerdings – und dabei wollen wir es auch belassen – die Bedecktsamer einmal zu teilen: Jeder auskeimende Same entwickelt nämlich entweder zwei Keimblätter oder nur eines; und schon haben wir zwei neue Gruppen: Die *Zweikeimblättrigen* (ca. 172.000 Arten) und die *Einkeimblättrigen* (ca. 54.000 Arten). Laubbäume zählen übrigens alle zur ersten Gruppe, haben also zwei Keimblätter. Bei den Einkeimblättrigen gibt es so gut wie keine Bäume, eine Ausnahme ist z. B. der aus Teneriffa bekannte *Drachenbaum*. Als weiteres Unterscheidungsmerkmal dieser beiden Gruppen, allerdings nur bei den krautigen Vertretern, zeigt sich übrigens im Querschnitt des Stängels, dass die Leitbündel (dazu später mehr) der Zweikeimblättrigen ringförmig angeordnet sind, die der Einkeimblättrigen dagegen sind überall auf diesem Querschnitt verteilt. Bei den Holzgewächsen sind diese Leitbündel schon gar nicht mehr erkennbar, sie bilden hier im Wesentlichen den kompakten Zylinder des Splintholzes.

Was macht die Samenpflanzen so erfolgreich?

Es wurde ja schon erwähnt, dass nur die Samenpflanzen es geschafft haben, ihren Fortbestand auch ohne das Vorhandensein von Oberflächenwasser zu sichern. Die Eroberung des Festlandraumes mit seinen unterschiedlichsten klimatischen Bedingungen verlangte von den Bäumen natürlich auch die verschiedensten Anpassungsleistungen. Man sagt von den Laubbäumen, sie seien die in der pflanzlichen Evolution am weitesten fortgeschrittenen Pflanzen unserer Erde. In gewisser Weise sind sie damit durchaus den Säugetieren des Tierreiches vergleichbar.

Was macht nun die Laubbäume so modern? Nun, es ist die Anzahl unterschiedlich differenzierter *Zellen* und *Gewebe* innerhalb der Gesamtpflanze. Es ist leicht nachzuvollziehen, dass durch das Zusammenwirken mehrerer arbeitsteilig spezialisierter Gewebe dem Organismus in der Regel eine höhere Leistungsfähigkeit und eine höhere Leistungsvielfalt in der Auseinandersetzung mit der Umwelt ermöglicht wird. Während bei den niederen Pflanzen alle Aufgaben vom gleichen Zelltyp, oder nur von wenigen unterschiedlichen, übernommen werden (und selbst bei den Nadelhölzern z.B. Festigung und Wassertransport durch den gleichen Zelltyp erfolgt), liegt bei den Laubgehölzen eine ausgeprägte Spezialisierung vor.

Ein wenig könnte man es vergleichen mit den verschiedenen Gewerken auf der Baustelle eines Gebäudes: Auch hier gibt es die Spezialisten für den Aufbau einer tragfähigen und stabilen Gebäudekonstruktion, andere sind für die Versorgung aller Stockwerke mit Wasser und Strom zuständig und wieder andere sorgen für die richtige Klimatisierung, insbesondere Wärmeumsetzung sowie Be- und Entlüftung. Nicht zu vergessen die Dachdecker, Flaschner, Fliesenleger, Innenausstatter und so weiter. Wir werden uns diese verschiedenen Zelltypen und ihre Aufgaben gleich etwas näher ansehen.

Zunächst aber soll noch einmal auf einen wichtigen Zusammenhang hingewiesen werden, der klar macht, warum die Entwicklung unterschiedlich differenzierter Zellen für das Überleben der Pflanzen auf dem Land entscheidend war: Wie wir wissen und später noch genauer sehen werden, benötigen alle grünen Pflanzen für ihr Wachstum unter anderem CO_2 und eine grundsätzlich möglichst große Menge an Sonnenlicht, damit ihr Photosynthese-Kraftwerk laufen kann. Um die von der Sonne gelieferte Lichtmenge aufnehmen zu können, diese Quelle also optimal zu nutzen, ist es sicher zweckmäßig, eine möglichst große Oberfläche in Form von entsprechend vielen und großen Blättern auszubreiten. Da die Luft aber, abgesehen von Regenzeiten, so gut wie nie mit Wasserdampf gesättigt ist und da die Zellwand dem Austritt verdunstenden Wassers keinen größeren Widerstand entgegensetzt als dem Eintritt der CO_2-Moleküle, entsteht schnell ein grundsätzliches Problem: Stellt die Pflanze zu große Flächen bereit, läuft zwar die Photosynthese auf Hochtouren, doch droht sie durch den enormen Wasserverlust auszutrocknen. Wenn sie sich davor schützen will, und ihre Blattflächen entsprechend klein anlegt, was ja besonders in den warmen und strahlungsintensiven Zonen unserer Erde geboten scheint, dann besteht die Gefahr, dass der Energieumsatz zum Erliegen kommt, sie also nicht mehr wachsen kann.

Den Ausweg aus dieser Zwickmühle schaffte die Evolution mit der erwähnten Zell-Differenzierung, so dass wir höhere Landpflanzen in praktisch allen Klimazonen vorfinden, ob in ständig überfluteten Sumpfgebieten oder in Trockensavannen und Wüsten, ob an den Meeresküsten oder im Hochgebirge, ob im heißen Inneren Australiens oder im bitterkalten Dauerfrost bereich Sibiriens. Die Bäume haben es geschafft, diese Räume zu besiedeln und sich dauerhaft dort zu behaupten.

Von Kraftathleten und Wasserträgern

Wir wollen uns im Folgenden einmal die verschiedenen Zellvarianten ansehen, wie wir sie typischerweise im Stamm eines Laubbaums vorfinden. Dieser *Stamm* stellt neben dem *Blatt* und der *Wurzel* eines der drei pflanzlichen Grundorgane dar, biologisch wird er als *Sprossachse* bezeichnet.

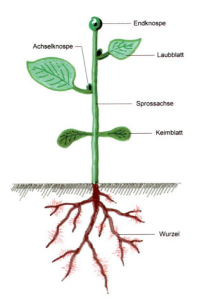

Abb. 1: Der Bauplan der Pflanze

Die Aufgaben, die an diese Sprossachse gestellt werden, sind folgende:
Sie muss erstens für *Stabilität* und auch für *Elastizität* sorgen. Wenn wir uns einen 80 Meter hohen Mammutbaum mit einem Gewicht von deutlich über 1.000 Tonnen (!) vorstellen, einen immerhin 25 Meter Höhe erreichenden Bambustrieb oder auch nur einen Grashalm, der bei einem Durchmesser von 3 mm vielleicht 1 oder 2 Meter hoch wird, so wird klar, dass hier enorme Leistungen in der Verfestigung von Geweben erbracht werden.

Zweitens muss die Sprossachse zahlreiche *Leitungsbahnen* zur Verfügung stellen, in denen sowohl das Wasser und die Nährsalze aus der Wurzel bis ins entfernteste Blatt, als auch die aus der Photosynthese entstandenen organischen Produkte transportiert werden.

Drittens schließlich muss die Zentralachse auch *Speicherräume* bereitstellen, in denen die oben erwähnten Kohlenhydrate zwischengelagert werden. Diese werden nämlich im Allgemeinen nicht sofort weiterverwendet.

Wie sehen nun diese Gewebe-Spezialisten aus, die solche Aufgaben zu übernehmen haben?

Beginnen wir mit dem *Festigungsgewebe*, also den Zellen, die, wie ein Maurer beim Gebäude, einen stabilen und dauerhaften Aufbau der Pflanze zu Wege bringen müssen.

Es handelt sich hier um sehr lang gestreckte, röhrenförmige Gebilde mit verdickten Cellulosewänden. Zusätzlich eingelagert ist eine Substanz, die in der Pflanzenwelt einzigartig ist und die sowohl Biege- als auch Zugfestigkeit ermöglicht: Das *Lignin*. Die Vorstellung, dass dieses Lignin wie ein hochflexibler 'Mörtel' die einzelnen Bauelemente verbindet, hilft uns dabei zu verstehen, wie die Natur uns Menschen zum Beispiel beim Bau von Brücken, Türmen oder ähnlichen architektonischen Herausforderungen als Vorbild gedient hat.

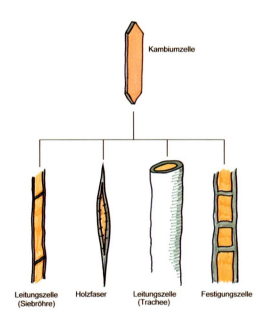

Abb. 2: Die Zelltypen

Ebenfalls der Verfestigung dienen sehr schmale, spitz zulaufende *Holzfasern*, die in großer Zahl im Splintholzbereich des Stammes vorkommen.

Die zweite Aufgabe der Sprossachse, die Anlage von *Verbindungswegen* für den Transport von Wasser und anderer Elemente ist eine hochkomplexe Angelegenheit, deshalb beschränken wir uns auf das Wesentliche: Im Grundmodell funktioniert dies ähnlich wie eine Zentralheizungsanlage: Im Vorlauf fließt das Wasser aus dem Heizkessel im Keller (also von der Wurzel aus) in die oberen Stockwerke des Gebäudes (über den Stamm) und wird dort an die einzelnen Heizkörper (Zweige und Blätter) verteilt. Dieses 'Vorlauf-Leitungssystem' wird in der Botanik als *Xylem* bezeichnet, und die Zellen, die es aufbauen, sind die so genannten Tracheiden und Tracheen. Besonders letztere sind nach Auflösung ihrer Querwände zu sehr lang gestreckten Röhrensystemen entwickelt. Diese Leitungszellen liegen ebenfalls im eigentlichen Holz des Stammes.

Nach erfolgter Photosynthese werden dann die erzeugten organischen Substanzen in einem eigenen Leitungssystem, *Phloem* genannt, nach unten in den Stamm transportiert. Das Phloem entspricht in unserem Modell dem Heizungsrücklauf. Dies geschieht mittels einer Gewebeart, die aus kleinen Siebröhren besteht und die sich vor allem im Bast, also im äußeren Teil des Stammes befinden.

Zur Bevorratung der bei der Photosynthese entstandenen Kohlenhydrate, und damit wären wir bei der dritten Aufgabe der Sprossachse, gibt es allerdings keine speziellen Speicherzellen. Hier werden sowohl der Markbereich als auch weite

Teile des Holzteils eingesetzt. Hier verlaufen radial, also waagerecht von innen nach außen, zahlreiche *Markstrahlen* im Stamm. Sie haben die Funktion von Versorgungstunnels, über die sowohl die anorganischen Nährsalze aus dem Erdboden als auch die organischen Syntheseprodukte zur ‚Ernährung' aller Zellen angeliefert werden.

Zwei Abschnitte im Stamm eines Baumes habe ich bisher noch nicht angesprochen, doch sind sie so wichtig, dass es an dieser Stelle nachgeholt werden muss. Einer dieser beiden Abschnitte beantwortet uns die Frage, wie der Baum es bewerkstelligt, jedes Jahr ein bisschen dicker zu werden. Man nennt diese schmale, ringförmig zwischen Bast und Holz gelegene Zone nach dem lateinischen Wort cambire (= wechseln) das *Kambium*. Dieses Kambium ist so etwas wie die 'Entbindungsstation' unseres Baumes, hier werden die neuen Zellen, die den Stamm aufbauen, 'geboren'. Das Kambium ist also der eigentlich lebendige Teil des Baumes. Hier werden wechselseitig Zellen nach außen (zum Bast) und nach innen (zum Holz) abgegeben. Diese neu angelegten Zellen sind zu Anfang ebenfalls noch teilungsfähig, verlieren diese Fähigkeit aber, sobald sie zu einem der oben angesprochenen Zelltypen ausdifferenziert sind.

Der grundlegende Unterschied im Aufbau der Gewebe von Tier und Pflanze wird bei METZNER (1983, Beiheft 6, S.51) durch ein reizvolles Gedankenexperiment veranschaulicht:

„Wenn wir bei einem großen Baum alle nicht mehr ständig in Teilung begriffenen und nicht mehr teilungsfähigen Zellen entfernen könnten, so würde sich uns ein erstaunliches Bild bieten. Von dem Baum würde nichts Weiteres übrig bleiben als die Vegetationskegel und ein hauchdünner, Bruchteile eines Millimeters messender Schleier des Kambiums, der die Gestalt des Baumes zeigt. Das Tier dagegen würde nur seine Haare und Nägel sowie Teile seiner Oberhaut verlieren, wenn wir die gleiche Behandlung vornähmen."

Entwicklung der Jahresringe

Bei einem *Stammquerschnitt* können wir beobachten, dass der Holzkörper aus konzentrischen Kreisen, den *Jahresringen* aufgebaut ist. Hierbei wechseln sich hellere und dunklere Kreiszonen ab. Die heller gefärbten Bereiche bestehen aus Geweben, die im Frühjahr gebildet werden. In dieser Zeit werden für den Austrieb des Laubes die höchsten Anforderungen an das Leitsystem gestellt, das heißt, es werden vorwiegend Zellen gebildet, die einen großen Querschnitt haben, damit die gespeicherten Kohlenhydrate mit dem Wasserstrom schnell an den Ort ihres Verbrauchs gebracht werden können.

Da sich in der Regel im Verlaufe der Vegetationsperiode die Menge der Blätter nicht mehr weiter erhöht, dient der weitere Jahreszuwachs bis zum Erlöschen der Kambiumtätigkeit im Spätherbst vorwiegend der Festigung. In dieser Zeit werden dann verstärkt die dunkler gefärbten und im Querschnitt deutlich engeren Zellen und Holzfasern des Spätholzes gebildet.

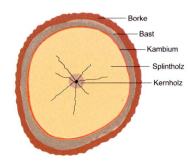

Abb. 3: Stammquerschnitt

Noch eine andere Beobachtung, durch die ebenfalls die unterschiedlichen Funktionen der jeweiligen Zellverbände erklärbar sind, können wir zum Beispiel gut an einem Eichenstamm-Querschnitt machen: Der innerste Teil des Stammes, das so genannte *Kernholz*, wird von nicht mehr funktionsfähigen Zellen gebildet, die durch Einlagerung von Harzen und Gummi gegen das Eindringen von Luft abgedichtet sind und dunkler gefärbt erscheinen. Dieses Eindringen von Luft in die Wasserleitungsbahnen würde die Wasserversorgung tiefgreifend stören. Man denke daran: Auch Heizungsanlagen müssen hin und wieder mal entlüftet werden!

Das Kernholz ist mantelförmig vom heller gefärbten *Splintholz* umgeben, das den größten Teil des Stammes ausmacht und in dem die hauptsächlichen Versorgungsgefäße für die Baumkrone liegen. Dieser Bereich, in dem die Jahresringe gezählt werden können, wird nach außen von dem für uns nicht sichtbaren Kambium-Ring abgeschlossen. Interessanterweise geben die Jahresringe nicht nur Auskunft über das Alter des jeweiligen Baumes, sondern auch über die klimatischen Verhältnisse im Jahr ihrer Entstehung. So wird zum Beispiel in einem heißen, trockenen Sommer schon früh und reichlich Spätholz gebildet, in einem kühlen und feuchten Frühjahr dagegen wenig helles Frühholz. Durch das Aneinanderreihen von Hölzern, deren Jahrringabfolgen sich überschneiden, lassen sich beispielsweise alte Bauhölzer in eine bis ca. 12.400 Jahre zurückreichende Zeitskala einordnen. Solche Datierungen sind Aufgabe der *Dendrochronologie*, einer auch heute noch wichtigen Methode der Altersbestimmung.

Die Falten des Alters

Der äußerste Bereich des Stammes, der landläufig meist als 'Rinde' bezeichnet wird, heißt biologisch korrekterweise *Borke*. Sie besteht aus vielen Schichten abgestorbener Zellen, die nicht mehr in der Lage sind, der Dickenzunahme des Stammes zu folgen. Mit zunehmendem Alter erscheint die Borke deshalb immer stärker gefurcht und tief rissig, was sich beispielsweise sehr gut bei der *Douglasie* beobachten lässt. Bei manchen Arten, etwa der *Platane*, werden die ältesten Teile in Form ganzer Platten abgestoßen.

Dass eine wichtige Funktion der Borke darin besteht, den Baum vor existenzbedrohenden Einwirkungen von außen zu schützen, wird besonders am Beispiel des *Mammutbaums* deutlich, dessen bis zu 50 cm dicke Borke sogar Waldbränden widersteht.

Eine weitere Aufgabe, die die Borke zu übernehmen hat, ist der Gasaustausch zwischen der Atmosphäre und den lebenden Zellen der inneren Bereiche. Dazu dienen kleine Kanäle (Lentizellen), die z. B. an Holunderzweigen als etwa 1–2 mm große Korkwarzen sichtbar sind. Auch in einem Flaschenkork sind diese 'Luftröhren' im Anschnitt erkennbar.

Rohstoff-Versorgung

Nach dem Stamm wenden wir uns nun bei der Betrachtung des Baumes seiner unterirdischen Teile, also seiner *Wurzeln* und deren Aufbau und Funktionsweisen zu. Die Aufgaben sind hierbei allgemein bekannt: Sie dienen zur *Verankerung* des Baumes in der Erde und zur *Aufnahme von Wasser und Nährsalzen*, die nach oben weitergegeben werden. Doch, wie macht die Wurzel das eigentlich genau?

Auch hier sind die Funktionsabläufe im Inneren physiologisch außerordentlich kompliziert und noch nicht bis ins Detail erforscht. Wir müssen also wieder stark vereinfachen. Im Aufbau der Wurzel können wir drei verschiedene Bereiche unterscheiden: Ganz außen liegt die so genannte *Rhizodermis*, ein Abschlussgewebe, das im Gegensatz zu anderen Teilen der Pflanze nicht durch eine wasserundurchlässige Schicht geschützt ist, sondern im Gegenteil sogar ausgesprochen aufnahmefähig sein muss.

Um möglichst viel Wasser und anorganische Stoffe aufnehmen zu können, muss die Oberfläche der Wurzel besonders groß sein. Dazu bilden diese äußeren Zellschichten zahlreiche Wurzelhaare aus, die diese Aufnahmefläche um ein Vielfaches erhöhen. Es ist zwar kaum zu glauben, dennoch aber wahr, dass die Oberfläche einer einzigen Roggenpflanze in einer Größenordnung von etwa 400 m² liegt! Bei einem großen Baum dürfte diese Gesamtoberfläche schon gar nicht mehr feststellbar sein.

Nach innen schließt sich das dünnwandige Grundgewebe der *Rinde* an, das den größten Teil der Wurzelsubstanz bildet und hauptsächlich als Speicher dient.

Im innersten Teil schließlich liegt das *Leitbündel*, ein im Querschnitt stern- bzw. kreuzförmiges Gebilde, das sowohl Zellen für den Nährstoff-Transport als auch zur Verfestigung der Wurzel enthält. Wie funktioniert nun die Wasseraufnahme? Die wichtigste Wasserquelle für einen Baum ist das *Haftwasser*. So wird das Wasser bezeichnet, das von Bodenpartikeln festgehalten wird, bzw. sich in den Räumen zwischen den Ton- und Humusteilchen der durchwurzelten Bodenschicht befindet. Um Wasser aus der Erde aufnehmen zu können, muss die Saugkraft der Wurzel höher sein als die des umgebenden Bodens. Hierbei haben die verschiedenen Bodentypen zum Teil stark unterschiedliche Saugkräfte, die in bar gemessen werden. So hat beispielsweise ein normal durchfeuchteter Waldboden bei uns eine Saugkraft von ca. 5 bar, ein Wüstenboden dagegen von rund 100 bar! Das heißt, dass sich dort nur noch absolute Spezialisten behaupten können, ein bei uns verbreiteter Baum wäre nicht in der Lage, einem solchen extrem saugenden Untergrund noch Wasser abzunehmen.

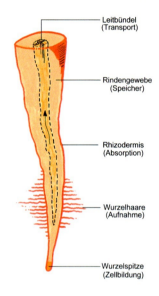

Abb. 4: Wurzel im Längsschnitt

Die wichtigste Frage, die wir hier klären müssen, lautet: Wie ist es möglich, dass der Transport des Wassers von der Wurzel aus – und *entgegen der Schwerkraft!* – bis in die höchsten Zweige eines Baumes hinauf erfolgen kann? Wie kann das Wasser sozusagen 'bergauf' laufen?

Dies geht nur dann, wenn einer 'schiebt' und einer 'zieht'. Die erwähnte Saugkraft ist hierbei eine der Kräfte, die 'ziehen'. Sie nimmt von der äußeren Oberfläche der Wurzel bis zum innen liegenden Leitbündel konstant zu, d. h. die weiter innen liegende Zelle nimmt der jeweils weiter außen liegenden das Wasser ab, so dass ein kontinuierlicher *Wasserstrom* entsteht.

Der zweite Ausgangspunkt für die Aufwärtsbewegung des Wassers beginnt am anderen Ende, bei den Blättern bzw. Nadeln des Baumes. Sie geben Wasser an die Atmosphäre ab und versorgen sich parallel gleich wieder mit Nachschub aus den weiter innen liegenden Zellverbänden. Dieser *Transpirationssog*, der mit sinkender Luftfeuchtigkeit stetig zunimmt, setzt sich durch den ganzen Baum hindurch fort. Man kann dies vielleicht am besten veranschaulichen mit dem Bild einer ununterbrochenen, den ganzen Baum durchlaufenden Kette von Transportzellen, die sich pausenlos Wassereimer übergeben.

Dass neben diesem 'ziehenden' Prozess auch noch ein 'Anschieber' im Spiel sein muss, hat sicher derjenige schon einmal beobachtet, der in seinem Garten zum Beispiel eine *Birke* umsägen musste. Schon bald nach dem Schnitt mit der Säge zeigt sich, dass Wasser aus dem Stumpf austritt. Obwohl keine Blätter und Äste mehr vorhanden sind, die 'saugen' können, wird noch viele Tage weiterhin Wasser aus dem Wurzelbereich nach oben transportiert. Dieser als *Wurzeldruck* bezeichnete Vorgang, bei dem im Gegensatz zum Transpirationssog auch Energie verbraucht wird und der damit ein aktiver Prozess ist, konnte noch nicht abschließend geklärt werden.

Das Kraftwerk

Neben der *Transpiration* ist die schon mehrfach erwähnte *Photosynthese* die Hauptaufgabe des Blattes. Hierbei werden mit Hilfe des Sonnenlichts Wasser und atmosphärisches CO_2 in eine organische Verbindung, das Kohlenhydrat, umgebaut – ein Vorgang, bei dem unter anderem als Abfallprodukt Sauerstoff entsteht.

Die Befähigung zur Photosynthese ist das Kriterium schlechthin, um einen Organismus als den Pflanzen zugehörig einzuordnen. Das heißt, dass beispielsweise die Pilze deshalb nicht zu den Pflanzen gerechnet werden, weil sie kein *Chlorophyll* enthalten und sich somit nicht eigenständig, also unabhängig von anderen Organismen, ernähren können.

Bevor wir uns diesen interessanten chemischen Prozess näher anschauen, werfen wir zuvor noch einen mikroskopischen Blick auf ein *Laubblatt im Querschnitt*:

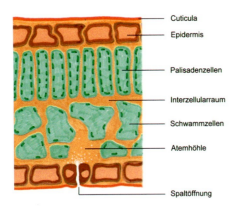

Abb. 5: Aufbau eines Laubblattes

Das ganz außen liegende Abschlussgewebe auf der Ober- und Unterseite des Blattes ist die *Epidermis*. Diese flachen Zellen sind eng miteinander verbunden und schützen so das Innere des Blattes, wobei die Außenseiten noch zusätzlich mit einer dünnen, wasserundurchlässigen (Verdunstungsschutz) Schicht, der *Cuticula*, überzogen sind.

Meist nur auf der Unterseite des Blattes sind teilweise sehr dicht gestreut und paarweise angeordnet *Schließzellen* eingebaut, die für den lebensnotwendigen Austausch von CO_2, Sauerstoff und Wasserdampf die bekannten *Spaltöffnungen* steuern. Bei einem Apfelbaumblatt sind das etwa 250 Stück pro mm². Durch die Spaltöffnungen gelangt sowohl das CO_2 ins Innere des Blattes, als auch Wasser zurück in die Atmosphäre.

Das Hauptgewebe des Blattes besteht aus zwei verschieden gebauten und angeordneten Zellarten. Näher an der Blattoberseite und senkrecht zu ihr ausgerichtet liegt das *Palisadengewebe*. Wie der Name schon vermuten lässt, handelt es sich hier um lang gestreckte und dicht aneinander liegende Zellen. Sie enthalten bis zu 80 % der für die Photosynthese so wichtigen Chlorophyll-Körner, die *Chloroplasten*.

Unter dieser dicht gepackten Schicht liegt das *Schwammgewebe*, das sind ziemlich unregelmäßig geformte Zellen mit zahlreichen und verhältnismäßig großen Interzellularräumen. In diese Zwischenräume wird der aus den Zellen heraus diffundierende Wasserdampf aufgenommen und Richtung Blattunterseite, zu den Spaltöffnungen hin, weitertransportiert, wo er an die Atmosphäre abgegeben wird. In diese Schwammzellenschicht hinein reichen auch die uns von der Sprossachse her bekannten Leitbündel. Sie verlaufen vom Zweig über den Blattstiel in die Blattfläche (botanisch *Blattspreite* genannt) hinein und verzweigen sich dort. Zum Schutz und zur Stabilisierung des Blattes mit Festigungszellen umgeben, sind sie für uns gut erkennbar (vgl. Bild S. 325). Diese netzartigen Strukturen werden im allgemeinen als 'Adern' oder auch als 'Nerven' bezeichnet.

Wir haben nun alle am Photosynthese-Prozess maßgeblich beteiligten Zellen und Elemente, also die 'Haupt-Akteure' der pflanzlichen Nahrungsversorgung kennen gelernt. Diesen spannenden Vorgang wollen wir im Folgenden etwas genauer untersuchen.

Welche gigantischen Dimensionen die globale Photosynthese erreicht, wird unter anderem auch durch den dabei stattfindenden Wasserverbrauch deutlich: Ca. 200 Milliarden Tonnen Wasser werden jährlich durch die Blätter aller Grünpflanzen der Erde wieder an die Atmosphäre zurückgegeben. Mit anderen Worten, nach ca. 7 Millionen Jahren ist alles Wasser der Erde einmal von den Pflanzen aufgenommen, zersetzt und wieder abgegeben worden.

Durch die chemische Umwandlung von einigen anorganischen Ausgangssubstanzen in energiereiche und für den Wachstumsprozess verwertbare Verbindungen ist die grüne Pflanze als einzig bekannter Organismus absolut *autotroph*. Das heißt, nur sie ist in der Lage, sich völlig unabhängig von anderen Organismen ihre Nahrung selbst herzustellen. Dies gilt übrigens als das entscheidende Abgrenzungsmerkmal gegenüber der Tierwelt, in der nur bereits vorhandene organische Stoffe für Wachstum und Energiegewinnung umgesetzt werden können.

Nach welchem 'Rezept' bereitet sich die Pflanze nun ihre 'Nahrung' zu? Die 'Zutaten' für diesen Vorgang sind uns ja mittlerweile bekannt: es ist das CO_2 aus der Luft, das über die Spaltöffnungen der Blätter aufgenommen wird; es ist das *Wasser*, das in einem ständig fließenden Strom von den Wurzeln aus dem Erdboden aufgesaugt und in alle Teile der Pflanze weiter transportiert wird; und es sind schließlich die *Mineralsalze*, die in gelöster Form in eben diesem Wasser enthalten sind.

Ort des Geschehens sind die nur höchstens 10 my großen Chlorophyll-Körner, die bereits er-wähnten Chloroplasten, die sich in größerer Anzahl – etwa 25–30 Stück – in jeder Blattzelle verteilt vorfinden. Das Innere dieser Chloroplasten ist der eigentliche 'Kochtopf' der Photosynthese. Hier würden wir unter einem starken Mikroskop eine fast konturlose Grundsubstanz erkennen, eine Art 'Suppe', die *Stoma* genannt wird. In ihr sind zahlreiche Enzyme und Stoffwechsel-Zwischen-produkte sowie auch die DNS enthalten.

Eingelagert in diese 'Suppe' sehen wir lang gestreckte und in mehreren bis vielen Lagen übereinander gestapelte Membranen, die *Thylakoide*. Diese wiederum enthalten neben Wasser verschiedene aktive *Farbstoffe*, insbesondere das bekannte *Chlorophyll*, das die Aufgabe hat, Lichtenergie der Sonne zu absorbieren.

Der Kochvorgang selbst spielt sich in zwei Schritten ab: Im ersten Schritt, der so genannten *Lichtreaktion*, spaltet das eindringende Sonnenlicht den Wasserstoff von den Wasser-

Molekülen ab. Der entstehende molekulare *Sauerstoff* findet für den weiteren Stoffwechsel keine Verwendung. Er wird als pflanzlicher 'Abfall' ebenfalls über die Spaltöffnungen der Blätter entsorgt. Im Laufe von vielen Millionen Jahren reicherte sich dieser Sauerstoff in der ehemals fast O_2-freien Erdatmosphäre so stark an, dass sich auf dieser Basis ganz nebenbei eine ungemein artenreiche Fauna bis hin zu uns Menschen entwickeln konnte.

Der für den weiteren Kochvorgang wichtige *Wasserstoff* wird nun zusammen mit verschiedenen Energie-Überträgern – Enzyme, von denen das ATP vielleicht noch am besten bekannt ist – aus den Membranen in die 'Suppe' transportiert.

Hier folgt der zweite Teil des Gesamtprozesses, die *Dunkelreaktion*. Durch die Verbindung des Wasserstoffs mit dem Kohlendioxid wird dieser 'reduziert', das heißt, es entstehen *Kohlenhydrat-Moleküle*, also verschiedene Formen von Zucker, in erster Linie *Glucose*. Für den Aufbau von einem Mol dieser Zucker-Moleküle (1 Mol sind 6 x 1023 Stück) wird übrigens eine Energiemenge von genau 2874 KJ benötigt. Dies entspricht etwa dem Bedarf eines durchschnittlichen Erwachsenen für einen Fußmarsch von 10 km Länge oder einem Fußballspiel von 45 Minuten Dauer! Diese Kohlenhydrate, die wir Menschen in Form von Nahrung zu uns nehmen, liefern uns u. a. die für die Aufrechterhaltung aller Körperfunktionen notwendige Energie.

Da jedes Kochrezept zwingend auch die verwendete Menge der jeweiligen Zutat enthält, kommen wir wohl kaum an der zentralen *Summengleichung der Photosynthese* vorbei. Die folgende Darstellung bezieht sich auf die Zubereitung eines Moleküls Glucose:

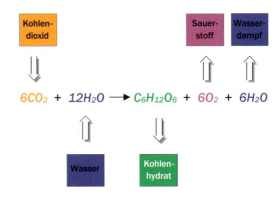

Abb. 6: Summenformel der Photosynthese

Wenn es richtig ist, dass der gesamte in die Atmosphäre abgegebene Sauerstoff aus dem Wasser stammt, so wird doch nur die Hälfte des verbleibenden Wasserstoffs für den Aufbau der Glucose-Moleküle verwendet. Die andere Hälfte verbindet sich mit den übrig gebliebenen Sauerstoff-Atomen des Kohlendioxids erneut zu Wasser, das dann über die Spaltöffnungen der Blätter wieder an die Atmosphäre zurückgegeben wird (Transpiration). So schließt sich der *Kreislauf* und das Gleichgewicht zwischen Wasseraufnahme und -rückgabe bleibt stets gewahrt.

Diese Beschreibung der Nahrungsmittel- und Energiebeschaffung durch die Pflanze ist natürlich stark vereinfacht. Andererseits gehört die Photosynthese zweifellos zu den Vorgängen, die so komplex sind, dass es kaum möglich ist, sie auf einfache Weise darzustellen, ohne das eine oder andere wichtige Detail außer Acht zu lassen. So entsteht beispielsweise das Zuckermolekül aus dem Zusammentreffen von Wasser und Kohlendioxid nicht unmittelbar und direkt wie etwa die Farbe grün, wenn man blaues mit gelbem Licht mischt. Hierzu ist eine ganze Reihe von Zwischenstufen notwendig, die aber für das Verständnis des prinzipiellen Ablaufs keine wesentliche Rolle spielen.

Die Kenntnis vom Aufbau und Wachstum des Baumes, seiner unvorstellbar langen Entwicklungszeit und seiner vielfältigen Einflussnahme auf die ökologischen Zusammenhänge auf unserer Erde sollte dazu beitragen, ihn mit einem veränderten Bewusstsein wahrzunehmen. Nach dem wohl noch immer stimmigen Motto *'Der Mensch schützt nur, was er kennt – und was er schätzt'*, gilt diese Kenntnis auch als Voraussetzung dafür, dass die Bäume als Grundlage unseres Lebens betrachtet und in ihrem Gesamtbestand erhalten werden.

Die Eiche. Kupferstich von E. Heyd, 1863

Literatur

BLÜHEL, Kurt G.: Schützt unsere schöne Natur. München/Zürich 1982.

BUCK, D.: Das große Buch vom Schönbuch. Silberburg-Verlag, Bebenhausen 2002.

den HARTOGH, N./SMIT, D.: Bäume. Wunderbare Pflanzenwelt. Parkland Verlag, Stuttgart 1995.

DINKELAKER, H.-J.: Bäume, Steine, Gräber. Wanderungen zu Natur- und Bodendenkmalen in Schönbuch und Gäu. Herrenberg, ca. 1980 (o. A.).

DOBAT, K./-LELKE, S.: Der merkwürdige Baum. Verlag Schwäbisches Tagblatt, Tübingen 1989.

ELSTNER, E. u. a. (Hrsg.): Unsere Natur. Wunder und Geheimnis. Köln 1984.

FELDER, P.: Von der Heilkraft unserer Bäume. Gesundheitscenter Arlesheim, 6. Aufl. 2000.

FRÖHLICH, H.-J.: Alte liebenswerte Bäume in Deutschland. Cornelia Ahlering-Verlag Ilsteburg.

FRÖHLICH, H.-J.: Wege zu alten Bäumen. Hrsg. Schutzgemeinschaft Deutscher Wald. Nach Bundesländern getrennte Ausgaben.

FÖRDERVEREIN Naturpark Schönbuch e.V.: 30 Jahre Naturpark Schönbuch, Tübingen 2002.

GERSTENBERGER, B. u. a.: Das Tübinger Stadtbaumbuch. Hoffmann-Verlag, Stuttgart 1999.

GODET, J-D.: Bäume und Sträucher. Mosaik-Verlag, München 1991.

GOERSS, H.: Unsere Baumveteranen. Landbuch-Verlag, Hannover 1981.

GRAMES, E.: Bäume. Ellert & Richter Verlag, Hamburg 1985.

HARTRANFT, F.: Rundwanderungen Schönbuch. J. Fink Verlag. Stuttgart 1967.

Hockenjos, W.: Begegnungen mit Bäumen. DRW-Verlag. Weinbrenner, Stuttgart 1978.

KIEDROWSKI, R. u. a.: Bäume dieser Welt – unübertroffen im Überleben. Naturbuch-Verlag, Augsburg 1997.

KREMER, B. P.: Bäume. Heimische und eingeführte Arten Europas. Mosaik-Verlag, München 1984.

KÜHN, S./ULLRICH, B./KÜHN, U.: Deutschlands alte Bäume. BLV-Verlag, München 2003.

KÜSTER, H.: Die Geschichte des Waldes – von der Urzeit bis zur Gegenwart. Verlag C. H. Beck, 1998.

LAUDERT, D.: Mythos Baum. blv-Verlagsgesellschaft München 2003.

LELKE, S.: Naturpark Schönbuch. Geschützte Bäume und Naturdenkmale. Tübingen 2002.

LEWINGTON, A. u. PARKER, E.: Alte Bäume. Naturdenkmäler aus aller Welt. Bechtermünz-Verlag, Augsburg 2000.

MATTHECK, C.: Stupsi erklärt den Baum. Forschungszentrum Karlsruhe 1999.

MAEDA, S.: Bäume und Gräser. Benedikt Taschen Verlag, Köln 1987.

METZNER, H. (wiss. Leitung): Ökologie und ihre biologischen Grundlagen. Lehrgangs-Schriften des Instituts für Chemische Pflanzenphysiologie der Universität Tübingen. Tübingen 1983.

MINISTERIUM für ländlichen Raum, Ernährung, Landwirtschaft und Forsten: Waldland Baden-Württemberg, Stuttgart 1993.

PAKENHAM, Th.: Bäume. Die 60 größten und ältesten Bäume der Welt. Christian-Verlag, München 2003.

PHILLIPS, R.: Das Kosmos-Buch der Bäume. Kosmos-Verlag Franckh, Stuttgart 1982.

POTT, E.: Faszination Baum. blv-Verlagsgesellschaft, München 2003.

WITTMANN, R.: Die Welt der Bäume. Ulmer-Verlag, Stuttgart 2003.

Die Drei Linden, Rottenburg-Weiler

Der Baum im Internet

Baumarten:
www.bambus.de
www.baumkunde.de
www.baum-des-jahres.de
www.baum-software.com
www.bfw.ac.at
www.download.contentx.ch
www.fva-fr.de
www.garten-pur.de
www.genres.de
www.lexikon-online.info
www.pflanzenbuch.de
www.treeland.de
www.uni-hohenheim.de
www.vskrems-lerchenfeld.ac.at
www.wald.lauftext.de
www.wikipedia.de

Baumbilder:
www.altebaeume.de
www.alter-baum.de
www.baumkreis.de
www.baumpfleger.at
www.baumveteranen.de
www.baumwunder.de
www.botaniversum.de
www.das-labyrinth.de

www.geo.de
www.grow.de
www.keithlaban.co.uk
www.naturfotosammlung.de
www.pflanzen-bilder-kaufen.de
www.pilsak.de
www.rhoenline.de
www.stadtbaum.at
www.villafrohsinn.de

Baumbücher:
www.amazon.de
www.buecher-ueber-baeume.de
www.buchhandel.de
www.buchkatalog.de
www.jokers.de
www.weltbild.de

Baumkunst:
www.lohrer.ch
www.benedikt-schaufelberger.de
www.art-level-888.de

Baumpflege:
www.arboristik.de
www.baumpflege.ch
www.baumschutz.at

www.institut-fuer-baumpflege.de
www.sanfte-baumpflege.de

Baumrecht:
www.baeumeundrecht.de
www.baumportal.de

Baumsammlungen:
www.bemerkenswerte-baeume.de
www.deutschesbaumarchiv.de
www.essenthoer-muehle.de

Baumschäden:
www.baumpruefung.de
www.baumstatik.de
www.picus-online.de
www.rinntech.de
www.stadtbaum.at
www.waldwissen.ch

Blattbilder:
www.baumportal.de
www.pixelquelle.de

Blattformen:
www.baumportal.de
www.biologie.uni-hamburg.de
www.eduhi.at

Holzarten:
www.holz.de
www.holzland.de
www.holz-technik.de
www.holzwurm-page.de
www.infoholz.de
www.naturintarsien.de
www.schreiner-seiten.de
www.stihl.de
www.wald-online-bw.de

Wald:
www.forst-und-wald.de
www.payer.de
www.robinwood.de
www.wald.de
www.wald-in-not.de
www.wald-online.de
www.wald.or.at
www.wald.org

Waldzustandsbericht:
www.fva-fr.de
www.mlr.baden-wuerttemberg.de
www.sdw.de

Baumregister

1 Tübingen

Riesenbuche im Alten Bot. Garten	20
Stieleichen im Alten Botanischen Garten	22
Pyramideneiche im Alten Bot. Garten	24
Lebensbäume im Alten Bot. Garten	26
Sumpfzypresse im Alten Bot. Garten	28
Ginkgobäume im Alten Bot. Garten	30
Feldulmen im Alten Botanischen Garten	32
Weitere Ulmen im Stadtgebiet	34
Eschen-Ahorn in der Mauerstraße	36
Linde am Österberg	38
Die Platanenallee	40
Weitere Platanen im Stadtgebiet	42
Hainbuche und Platane an der Alleenbrücke	44
Silberweiden am Anlagensee	46
Tübinger Blutbuchen	48
Urwelt-Mammutbaum am Anlagensee	50
Die Alte Lindenallee	52
Schwarznussbaum im Volksgarten	54
Kanadische Pappel im Bergfriedhof	56
Rotbuchen im Bergfriedhof	58
Zwiesel-Eiche beim Sudhaus	60
Tübinger Rosskastanien	62
Die Eiche im Hohen Lehen	64
Douglasie beim Professorenstein	66
Stuttgarter Eiche am Österberg	68
Eichen am Herrlesberg	70
Friedenseiche auf dem Denzenberg	72
Birnbaum am Heuberg	74

2 Im Schönbuch

Weißdorn und Linde beim Einsiedel	78
Eichen im Eichenfirst	80
Beim NSG Eisenbachhain	84
Hainbuche am Kirnbach	88
Im Kloster Bebenhausen	90
Eibe am Kaltenbüchle	94
Eichen an der Kohltorwiese	96
Otto-Schäffer-Linde	98
Eiche an der Bärloch-Hütte	100
Kreuzbuche am Langen Rücken	102
Sportplatz-Eichen Dettenhausen	104
Eiche am Hölzletor Hagelloch	106

3 Ammertal

Am Schloss Roseck	110
Herdweg-Linde in Entringen	112
Michaels-Linde in Pfäffingen	114
Linden am Wasserschloss Poltringen	116
Stephans-Linde in Poltringen	118
Linden am Poltringer Fluggelände	120
Kaiser-Linde in Reusten	122
Friedenslinde in Oberndorf	124
Rohner-Linde bei Wurmlingen	126

4 Vom Spitzberg zum Stäble

Neckarpappeln in Rottenburg	130
Linden am Gelben Kreidebusen	132
Linde beim Friedhof Seebronn	134
Linde und Eiche in Wolfenhausen	136
Linden in Remmingsheim	138
Linde am Eselsteig bei Nellingsheim	140

5 Rund um den Rammert

Pappel am Eckhof	144
Silberpappeln am Kilchberger Friedhof	146
Scheinzypressen im Friedhof Bühl	148
Linde im Friedhof Kiebingen	150
Drei Linden in Weiler	152
Rammert-Buche bei Dettingen	154
Zottelfichte bei Ofterdingen	156
Eiche im Ofterdinger 'Löchle'	158

6 Jenseits der Sieben Täler

Linde in Bad Niedernau	162
Linde am Friedhof Wachendorf	164
Im Schlosspark Wachendorf	166
Eiche beim Hofgut Neuhaus	168
Zwei Linden am Eichenberg	170
Linde auf dem Maienbühl	172
Linden am Kreuzweg Rangendingen	174

7 Steinlachtal und Härten

Linden am Eichwald Bodelshausen	178
Klafert-Linde Bodelshausen	180
Stäudach-Gasse bei Dusslingen	182
Alt-Eichen in Dusslingen	184
Am Dusslinger Eichenbuckel	186
Friedenslinde bei Stockach	188
Esche im Wankheimer Spielplatz	190
An der Rams- und Blaulache	192
Linde beim Friedhof Mähringen	194
Über den Schammberg	196
Beim Gomaringer Schützenhaus	198
Mammutbäume im Gomaringer Wald	200

8 Am Trauf der Alb

Alte Linde in Belsen	204
Auf der Olgahöhe bei Mössingen	206
Drei Linden beim Lindenhof	208
Auf dem Farrenberg	210
Talheimer Linden	212
Herbst an Kirchkopf und Filsenberg	214
Auf dem Gönninger Rossfeld	218
Gönninger Mammutbäume	222
Buchen und Bergahorn am Schönberg	224
Alte Linde in Gönningen	226
Linde am Gönninger Galgenbühl	228
Zwei Buchen am Stöffelberg	230
Buchen im Ramstelbachtal	232

Bronnweiler Mammut-Riese	234
Friedenslinde bei Bronnweiler	236
Linden für Schiller und Luther	238
Aschweide auf dem Frauenhölzle	240
Ur-Eiche am Altenburger Käpfle	242
Auf den Pfullinger Breitwiesen	244
Schwarzerlen im Pfullinger Lindental	248
Spitzahorn im Lindental	250
Bergahorn im Eninger Freibad	252
Weidbuchen am Gutenberg	254
Linden an der Eninger Weide	256

9 Reutlingen

Götterbaum in Ohmenhausen	260
Lärche am Breitenbach	262
Eichen am Reutlinger Naturtheater	264
Betzinger Trauerweiden	268
Süntelbuche in der Pomologie	270
Riesenpappeln an der Echaz	272
Reutlinger Blutbuchen	274
Robinien am Friedhof u. d. Linden	276
Reutlinger Friedhofs-Kastanien	278
Zerreiche im Stadtgarten	280
Baumhasel im Stadtgarten	282
Kastanie in der Burgstraße	284
Auf dem Scheibenberg	286
Pappeln am Scheibengipfel	288
Birnbäume am Scheibengipfel	290
Auf der Achalm	292

10 Reutlinger Nordland

Mammutbaum im Sondelfinger Märkle	296
Linde am Spielplatz Rommelsbach	298
Linde in Degerschlacht	300
Linde am Sportplatz Sickenhausen	302
Halden-Linde in Altenburg	304
Oferdinger Linden	306
Am Zwei-Eichen-Turm Pliezhausen	308
Birken in Häslach	310
Sulz-Eiche bei Walddorf-Häslach	312

Weidbuche am Gutenberg, Eningen u. A.

Ein Baum steht in Schönheit von Jahr zu Jahr und behält seine Anmut und Würde.
Seine Geheimnisse sind mitten in ihm und er erzählt nichts von Menschen und ihren vorübergehenden Erlebnissen.
Wir lernen etwas, wenn wir einen Baum betrachten.
Ständig beschneidet er sich selbst, fortgesetzt wirft er alles Übermässige ab.
Wenn er an einer schwierigen Stelle wächst, sendet er tiefe Wurzeln hinab, um nach einem festen Halt zu suchen.
Jedes Blatt ist einzigartig und schön - doch es dient auch dazu, giftige Stoffe aus der Atmosphäre zu entfernen.
Und es sendet einen sauberen Duft aus, um uns vor der Hitze zu schützen.
Neben einem Baum zu sitzen oder unter einer Eiche auf der Erde zu liegen, ist der Gipfel des Genusses.

Die weisen Frauen der Cherokee-Indianer